Hiina Köögi Aroomide Rännak
Maitseelamused Pekingist Kuni Kantonini

Li Mei

sisu

Kana tomatikastmes 11
Kana tomatitega 11
Pošeeritud kana tomatitega 12
Kana ja tomatid musta oa kastmega 13
Kiiresti küpsetatud kana köögiviljadega 14
kana pähklitega 15
Kana kreeka pähklitega 16
Kana vesikastanitega 17
Soolakana vesikastanitega 18
kana wonton 20
krõbedad kanatiivad 21
Viis vürtsi kanatiibu 22
Marineeritud kanatiivad 23
Kuninglikud kanatiivad 25
Maitsestatud kanatiivad 27
Grillitud kanakoivad 28
Hoisin kanakintsud 29
keedetud kana 30
krõbedaks praetud kana 30
Terve praetud kana 33
viis vürtsi kana 34
Kana ingveri ja murulauguga 36
pošeeritud kana 37
Punane keedetud kana 38
Punaseks küpsetatud kana vürtsidega 39
Grillitud seesamikana 40
Kana sojakastmes 41
aurutatud kana 42
Aurutatud kana aniisiga 43
kummalise maitsega kana 44
krõbedad kanatükid 45
Kana roheliste ubadega 46

Keedetud kana ananassiga 47
Kana paprika ja tomatiga 48
seesami kana 49
praetud tibud 50
Türgi koos Mangetoutiga 51
Kalkun paprikaga 53
Hiina kalkunipraad 55
Kalkun pähklite ja seentega 56
part bambusevõrsetega 57
Part oa võrsetega 58
hautatud part 58
Aurutatud part selleriga 59
part ingveriga 60
Part roheliste ubadega 62
aurutatud part 64
Part eksootiliste puuviljadega 65
Hautatud part hiina lehtedega 67
purjus part 68
viis vürtsi part 69
Röstitud part ingveriga 70
Part singi ja porruga 71
praepart meega 72
niiske praepart 73
Praetud part seentega 74
part kahe seenega 76
Hautatud part sibulaga 77
Part apelsiniga 79
praepart apelsinidega 80
Part pirni ja kastanitega 81
Pekingi part 82
Hautatud part ananassiga 85
Praetud part ananassiga 86
Ananassi ingveripart 87
Part ananassi ja litšiga 88
Part sealiha ja kastanitega 89
Part kartulitega 90

Punane Keedetud Part 92
Röstitud part riisiveiniga 93
Aurutatud part riisiveiniga 94
soolapart 95
Soolapart roheliste ubadega 96
aeglaselt keedetud part 98
Pardi naine 99
part bataadiga 100
magushapu part 102
mandariinipart 105
Part köögiviljadega 105
Praetud part köögiviljadega 107
Keedetud valge part 109
part veiniga 110
Aurutatud munad kalaga 111
Aurutatud munad singi ja kalaga 112
Aurutatud munad sealihaga 113
praetud sealiha munad 114
Praetud munad sojakastmega 115
poolkuu munad 116
Praetud munad köögiviljadega 117
Hiina omlett 118
Hiina omlett oa võrsetega 119
Lillkapsa omlett 120
Krabiomlett pruuni kastmega 121
Omlett singi ja veega kastanitega 122
Homaari omlett 123
omlett austritega 124
Krevettide omlett 125
Omlett karpidega 126
Tofu omlett 127
Täidisega sealiha tortilla 128
Krevettide täidisega omlett 129
Aurutatud tortillarullid kanatäidisega 130
austripannkoogid 131
krevettide pannkoogid 132

Hiina munapuder 133
Munapuder kalaga 134
Munapuder seentega 135
Munakuder austrikastmega 136
Munakuder sealihaga 137
Munapuder sealiha ja krevettidega 138
Munakuder spinatiga 139
Munakuder murulauguga 140
Munapuder tomatitega 141
Köögiviljadega munapuder 142
kana suflee 143
krabi pahvid 144
Krabi ingveri suflee 145
kalapunnid 146
kreveti suflee 147
Oadudsete krevettide suflee 148
köögivilja suflee 149
Muna Foo Yung 150
Praemuna Foo Yung 151
Foo Yung Crab seentega 152
Sink Muna Foo Yung 153
Praemuna Foo Yung sealiha 154
Seamuna ja krevetid Foo Yung 155
valge riis 156
Keedetud pruun riis 156
riis veiselihaga 157
Riis kanamaksaga 158
Riis kana ja seentega 159
Kookose riis 160
Riis krabilihaga 161
Riis hernestega 162
Riis pipraga 163
Riis pošeeritud munaga 164
Singapuri stiilis riis 165
Aeglase paadiga riis 166
Aurutatud riis 167

Praetud riis 168
Praetud riis mandlitega 169
Praetud riis peekoni ja munaga 170
Praetud riis lihaga 171
Praetud riis hakklihaga 172
Praetud riis liha ja sibulaga 173
praetud riis kanaga 174
Praetud riis pardiga 175
praetud riis singiga 176
Riis suitsusingi ja puljongiga 177
praetud riis sealihaga 178
Praetud riis sealiha ja krevettidega 179
praetud riis krevettidega 180
Praetud riis ja herned 181
Praetud riis lõhega 182
Spetsiaalne praetud riis 183
Kümme väärtuslikku riisi 184
Praetud tuunikala riis 185
nuudlid keedetud munaga 186
aurutatud munanuudlid 187
Praetud nuudlid 187
Praetud nuudlid 188
Praetud pehmed nuudlid 189
aurutatud nuudlid 190
külmad nuudlid 191
nuudlikorvid 192
pannkook nuudlitega 193
Keedetud nuudlid 194
Nuudlid lihaga 196
nuudlid kanaga 197
Nuudlid krabilihaga 198
Nuudlid karrikastmes 199
Dan-Dani nuudlid 200
Nuudlid munakastmega 200
Nuudlid ingveri ja murulauguga 201
Vürtsikad ja hapud nuudlid 203

Nuudlid lihakastmes.. 204
Nuudlid pošeeritud munadega.. 206
Nuudlid sealiha ja köögiviljadega... 207
Läbipaistvad nuudlid seahakklihaga..................................... 208
munarulli nahk.. 210
Keedumunarulli nahk.. 211
Hiina pannkoogid.. 212
wontoni nahad... 213
Spargel karpidega.. 214
Spargel munakastmega... 215

Kana tomatikastmes

4 inimesele

30 ml / 2 spl maapähkliõli

5 ml/1 tl soola

2 hakitud küüslauguküünt

450 g / 1 kilogramm kana, tükeldatud

300 ml / ½ pt / 1¼ tassi kanasuppi

120 ml / 4 fl untsi / ½ tassi tomatikastet (ketšup)

15 ml / 1 spl maisijahu (maisitärklis)

4 talisibulat (sibulat), viilutatud

Kuumuta õli koos soola ja küüslauguga, kuni küüslauk muutub kergelt kuldseks. Lisa kana ja prae kergelt kuldseks. Lisa suurem osa puljongist, kuumuta keemiseni, kata kaanega ja hauta umbes 15 minutit, kuni kana on pehme. Sega järelejäänud puljong tomatikastme ja õliga ning vala pannile. Keeda tasasel tulel segades, kuni kaste pakseneb ja selgineb. Kui kaste on väga õhuke, laske sellel veidi keeda, kuni see väheneb. Lisa murulauk ja küpseta 2 minutit enne serveerimist.

Kana tomatitega

4 inimesele

225 g / 8 untsi kana, tükeldatud
15 ml / 1 spl maisijahu (maisitärklis)
15 ml/1 spl sojakastet
15 ml / 1 spl riisiveini või kuiva šerrit
45 ml / 3 spl maapähkliõli (maapähklid)
1 tükeldatud sibul
60 ml / 4 spl kanapuljongit
5 ml/1 tl soola
5 ml/1 tl suhkrut
2 tomatit, kooritud ja kuubikuteks lõigatud

Sega kana maisitärklise, sojakastme ja veini või šerriga ning lase 30 minutit seista. Kuumuta õli ja prae kana heledaks. Lisa sibul ja prae pehmeks. Lisa puljong, sool ja suhkur, kuumuta keemiseni ja sega tasasel tulel, kuni kana on küps. Lisa tomatid ja sega läbi kuumenemiseni.

Pošeeritud kana tomatitega

4 inimesele

4 portsjonit kana
4 tomatit, kooritud ja neljaks lõigatud
15 ml / 1 spl riisiveini või kuiva šerrit

15 ml / 1 spl maapähkliõli

soola

Pane kana pannile ja kata külma veega. Kuumuta keemiseni, kata kaanega ja hauta 20 minutit. Lisa tomatid, vein või šerri, õli ja sool, kata kaanega ja hauta veel 10 minutit, kuni kana on küps. Laota kana soojendatud serveerimistaldrikule ja lõika serveerimiseks tükkideks. Kuumuta kaste uuesti ja vala serveerimiseks kana peale.

Kana ja tomatid musta oa kastmega

4 inimesele

45 ml / 3 spl maapähkliõli (maapähklid)

1 purustatud küüslauguküüs

45 ml / 3 spl musta oa kastet

225 g / 8 untsi kana, tükeldatud

15 ml / 1 spl riisiveini või kuiva šerrit

5 ml/1 tl suhkrut

15 ml/1 spl sojakastet

90 ml / 6 spl kanapuljongit

3 tomatit, kooritud ja neljaks lõigatud

10 ml / 2 tl maisijahu (maisitärklis)

45 ml / 3 supilusikatäit vett

Kuumuta õli ja prae küüslauku 30 sekundit. Lisa musta oa kaste ja prae 30 sekundit, seejärel lisa kana ja sega, kuni see on õliga korralikult kaetud. Lisa vein või šerri, suhkur, sojakaste ja puljong, kuumuta keemiseni, kaanega ja hauta umbes 5 minutit, kuni kana on küps. Sega maisijahu ja vesi pastaks, sega pannile ja küpseta segades, kuni kaste õheneb ja pakseneb.

Kiiresti küpsetatud kana köögiviljadega

4 inimesele

1 munavalge

50 g / 2 untsi maisijahu (maisitärklis)

8 untsi / 225 g ribadeks lõigatud kanarind

75 ml / 5 spl maapähkliõli (maapähklid)

200 g / 7 untsi ribadeks lõigatud bambusevõrseid

50 g / 2 untsi oa idandeid

1 ribadeks lõigatud roheline paprika

3 kevadist sibulat (sibulat), viilutatud

1 viil ingverijuurt, tükeldatud

1 hakitud küüslauguküüs

15 ml / 1 spl riisiveini või kuiva šerrit

Vahusta munavalge ja maisitärklis ning kasta kanaribad segusse. Kuumuta õli kuumaks ja prae kana paar minutit küpseks. Eemalda pannilt ja nõruta hästi. Lisa pannile bambusevõrsed, oavõrsed, paprika, sibul, ingver ja küüslauk ning prae 3 minutit. Lisage vein või šerri ja pange kana pannile tagasi. Sega korralikult läbi ja kuumuta enne serveerimist.

kana pähklitega

4 inimesele

45 ml / 3 spl maapähkliõli (maapähklid)

2 teed, tükeldatud

1 viil ingverijuurt, tükeldatud

1 kilogramm / 450 g kanarind, väga õhukeseks viilutatud

50g / 2oz sink, hakitud

30 ml / 2 spl sojakastet

30 ml / 2 spl riisiveini või kuiva šerrit

5 ml/1 tl suhkrut

5 ml/1 tl soola

100 g / 4 untsi / 1 tass kreeka pähkleid, hakitud

Kuumuta õli ning prae sibulat ja ingverit 1 minut. Lisa kana ja sink ning prae 5 minutit peaaegu küpseks. Lisa sojakaste, vein või šerri, suhkur ja sool ning prae 3 minutit. Lisa kreeka pähklid ja prae 1 minut, kuni koostisained on hästi segunenud.

Kana kreeka pähklitega

4 inimesele

100 g / 4 untsi / 1 tass kooritud kreeka pähkleid, poolitatud

praeõli

45 ml / 3 spl maapähkliõli (maapähklid)

2 viilu ingverijuurt, tükeldatud

225 g / 8 untsi kana, tükeldatud

100 g / 4 untsi bambusevõrseid, viilutatud

75 ml / 5 spl kanapuljongit

Valmista kreeka pähklid, kuumuta õli ja prae kreeka pähkleid, kuni need muutuvad pruuniks ja nõrguvad hästi. Kuumuta maapähkliõli ja prae ingverit 30 sekundit. Lisa kana ja prae kergelt kuldseks. Lisa ülejäänud koostisosad, lase keema tõusta ja küpseta segades, kuni kana on küps.

Kana vesikastanitega

4 inimesele

45 ml / 3 spl maapähkliõli (maapähklid)

2 hakitud küüslauguküünt

2 teed, tükeldatud

1 viil ingverijuurt, tükeldatud

225g / 8oz kanarind, viilutatud

100 g / 4 untsi vesikastaneid, viilutatud

45 ml / 3 spl sojakastet

15 ml / 1 spl riisiveini või kuiva šerrit

5 ml / 1 tl maisijahu (maisitärklis)

Kuumuta õli ja prae küüslauku, talisibulat ja ingverit, kuni need muutuvad kergelt kuldseks. Lisa kana ja prae 5 minutit. Lisa vesikastanid ja prae 3 minutit. Lisa sojakaste, vein või šerri ja maisijahu ning prae umbes 5 minutit, kuni kana on küps.

Soolakana vesikastanitega

4 inimesele

30 ml / 2 spl maapähkliõli

4 tükki kana

3 teed, tükeldatud

2 hakitud küüslauguküünt

1 viil ingverijuurt, tükeldatud

250 ml / 8 fl untsi / 1 tass sojakastet

30 ml / 2 spl riisiveini või kuiva šerrit

30 ml / 2 spl pruuni suhkrut

5 ml/1 tl soola

375 ml / 13 fl untsi / 1¼ tassi vett

225 g / 8 untsi vesikastaneid, viilutatud

15 ml / 1 spl maisijahu (maisitärklis)

Kuumuta õli ja prae kanatükid kuldseks. Lisa murulauk, küüslauk ja ingver ning prae 2 minutit. Lisa sojakaste, vein või šerri, suhkur ja sool ning sega korralikult läbi. Lisa vesi ja kuumuta keemiseni, kata kaanega ja hauta 20 minutit. Lisa vesikastanid, kata ja hauta veel 20 minutit. Sega maisijahu vähese veega, sega kastmesse ja keeda segades, kuni kaste õheneb ja pakseneb.

kana wonton

4 inimesele

4 kuivatatud hiina seeni
450 g / 1 nael kanarind, hakitud
8 untsi / 225 g segatud rohelisi, tükeldatud
1 sibul (sibul), hakitud
15 ml/1 spl sojakastet
2,5 ml / ½ tl soola
40 wontoni nahka
1 lahtiklopitud muna

Leota seeni 30 minutit leiges vees, seejärel nõruta. Visake varred ära ja lõigake pealsed ära. Sega kanaliha, köögiviljade, sojakastme ja soolaga.

Wontonite voltimiseks hoidke nahka vasaku käe peopesas ja pange keskele veidi täidist. Pintselda servad munaga ja voldi koorik kolmnurgaks, sulge servad. Niisutage nurgad munaga ja keerake.

Aja kastrul vett keema. Lisa wontonid ja küpseta umbes 10 minutit, kuni need ujuvad üles.

krõbedad kanatiivad

4 inimesele

900 g / 2 naela kanatiivad

60 ml / 4 spl riisiveini või kuiva šerrit

60 ml / 4 spl sojakastet

50 g / 2 untsi / ½ tassi maisijahu (maisitärklis)

maapähkliõli praadimiseks

Aseta kanatiivad kaussi. Segage ülejäänud koostisosad ja valage kanatiibadele, segades hästi kastmega. Katke ja laske 30 minutit seista. Kuumuta õli ja prae kana vähehaaval hästi küpseks ja tumepruuniks. Nõruta hästi majapidamispaberil ja hoia soojas, kuni ülejäänud kana praadib.

Viis vürtsi kanatiibu

4 inimesele

30 ml / 2 spl maapähkliõli
2 hakitud küüslauguküünt
450 g / 1 kilogramm kanatiibu
250 ml / 8 fl untsi / 1 tass kanapuljongit
30 ml / 2 spl sojakastet
5 ml/1 tl suhkrut
5 ml / 1 tl viie vürtsi pulbrit

Kuumuta õli ja küüslauku, kuni küüslauk muutub kergelt kuldseks. Lisa kana ja prae kergelt kuldseks. Lisa ülejäänud koostisosad, sega korralikult läbi ja kuumuta keemiseni. Kata kaanega ja hauta umbes 15 minutit, kuni kana on küps. Eemaldage kaas ja jätkake aeg-ajalt segades madalal kuumusel küpsetamist, kuni suurem osa vedelikust on aurustunud. Serveeri kuumalt või külmalt.

Marineeritud kanatiivad

4 inimesele

45 ml / 3 spl sojakastet

45 ml / 3 spl riisiveini või kuiva šerrit

30 ml / 2 spl pruuni suhkrut

5 ml / 1 tl riivitud ingverijuurt

2 hakitud küüslauguküünt

6 kevadist sibulat (sibulat), viilutatud

450 g / 1 kilogramm kanatiibu

30 ml / 2 spl maapähkliõli

225 g / 8 untsi bambusevõrseid, viilutatud

20 ml / 4 tl maisijahu (maisitärklis)

175 ml / 6 fl untsi / ¾ tassi kanapuljongit

Sega juurde sojakaste, vein või šerri, suhkur, ingver, küüslauk ja murulauk. Lisa kanatiivad ja viska, et see oleks täielikult kaetud. Kata kaanega ja lase seista 1 tund, aeg-ajalt segades. Kuumuta õli ja prae bambusevõrseid 2 minutit. Eemaldage need pannilt. Nõruta kana ja sibul, jäta marinaad alles. Kuumuta õli ja prae kana igast küljest pruuniks. Kata ja küpseta veel 20 minutit, kuni kana on pehme. Sega maisitärklis puljongi ja reserveeritud marinaadiga. Vala kana peale ja kuumuta segades keemiseni, kuni kaste pakseneb. Lisa bambusevõrsed ja küpseta segades veel 2 minutit.

Kuninglikud kanatiivad

4 inimesele

12 kanatiibu

250 ml / 8 fl untsi / 1 tass maapähkliõli (maapähklid)

15 ml/1 spl granuleeritud suhkrut

2 kevadist sibulat (sibulat), lõigatud tükkideks

5 viilu ingverijuurt

5 ml/1 tl soola

45 ml / 3 spl sojakastet

250 ml / 8 fl untsi / 1 tass riisiveini või kuiva šerrit

250 ml / 8 fl untsi / 1 tass kanapuljongit

10 viilu bambusevõrseid

15 ml / 1 spl maisijahu (maisitärklis)

15 ml/1 supilusikatäis vett

2,5 ml / ½ tl seesamiõli

Keeda kanatiibu keevas vees 5 minutit, seejärel kurna hästi. Kuumuta õli, lisa suhkur ja sega, kuni see sulab ja muutub pruuniks. Lisa kana, tee, ingver, sool, sojakaste, vein ja puljong, kuumuta keemiseni ja hauta 20 minutit. Lisa bambusevõrsed ja küpseta 2 minutit või kuni vedelik on peaaegu aurustunud. Sega maisijahu veega, sega pannile ja sega, kuni see pakseneb. Tõsta kanatiivad kuumale serveerimistaldrikule ja serveeri seesamiõliga üle niristatud.

Maitsestatud kanatiivad

4 inimesele

30 ml / 2 spl maapähkliõli

5 ml/1 tl soola

2 hakitud küüslauguküünt

900 g / 2 naela kanatiivad

30 ml / 2 spl riisiveini või kuiva šerrit

30 ml / 2 spl sojakastet

30 ml / 2 spl tomatipüreed (pasta)

15 ml / 1 spl Worcestershire'i kastet

Kuumuta õli, sool ja küüslauk ning prae, kuni küüslauk muutub kergelt kuldseks. Lisa kanatiivad ja prae sageli segades umbes 10 minutit, kuni need on kuldsed ja peaaegu küpsed. Lisa ülejäänud koostisosad ja prae umbes 5 minutit, kuni kana on krõbe ja läbi küpsenud.

Grillitud kanakoivad

4 inimesele

16 kanakoiba

30 ml / 2 spl riisiveini või kuiva šerrit

30 ml / 2 spl veiniäädikat

30 ml / 2 spl oliiviõli

soola ja värskelt jahvatatud pipart

120 ml / 4 fl untsi / ½ tassi apelsinimahla

30 ml / 2 spl sojakastet

30 ml / 2 supilusikatäit mett

15 ml/1 spl sidrunimahla

2 viilu ingverijuurt, tükeldatud

120 ml / 4 fl untsi / ½ tassi tšillikastet

Sega kõik ained peale tšillikastme, kata ja jäta üleöö külmkappi marineeruma. Eemaldage kana marinaadist ja küpsetage grillil või grillil (greil) umbes 25 minutit, keerates ja pintseldades küpsemise ajal tšillikastmega.

Hoisin kanakintsud

4 inimesele

8 kanakoiba

600 ml / 1 pt / 2½ tassi kanapuljongit

soola ja värskelt jahvatatud pipart

250 ml / 8 fl untsi / 1 tass hoisin kastet

30 ml / 2 spl tavalist jahu (universaalne)

2 lahtiklopitud muna

100 g / 4 untsi / 1 tass riivsaia

praeõli

Pane tünnid ja puljong pannile, kuumuta keemiseni, kata kaanega ja hauta 20 minutit, kuni need on küpsed. Eemalda kana pannilt ja kuivata köögipaberiga. Pane kana kaussi ning maitsesta soola ja pipraga. Vala üle hoisin-kastmega ja jäta 1 tunniks marineeruma. Tühjendamiseks. Kasta kana jahusse, seejärel määri muna ja riivsaiaga, siis jälle muna ja riivsaiaga. Kuumuta õli ja prae kana umbes 5 minutit, kuni see on pruunistunud. Nõruta köögipaberil ja serveeri kuumalt või külmalt.

keedetud kana

4 kuni 6 portsjoni jaoks
75 ml / 5 spl maapähkliõli (maapähklid)
1 kana
3 kevadist sibulat (sibulat), viilutatud
3 viilu ingverijuurt
120 ml / 4 fl untsi / ½ tassi sojakastet
30 ml / 2 spl riisiveini või kuiva šerrit
5 ml/1 tl suhkrut

Kuumuta õli ja prae kana kuldseks. Lisa sibul, ingver, sojakaste ja vein või šerri ning kuumuta keemiseni. Kata kaanega ja hauta 30 minutit, aeg-ajalt keerates. Lisa suhkur, kata kaanega ja hauta veel 30 minutit, kuni kana on küps.

krõbedaks praetud kana

4 inimesele

1 kana

soola

30 ml / 2 spl riisiveini või kuiva šerrit

3 kevadist sibulat (sibulat), kuubikuteks lõigatud

1 viil ingverijuurt

30 ml / 2 spl sojakastet

30 ml / 2 supilusikatäit suhkrut

5 ml / 1 tl tervet nelki

5 ml/1 tl soola

5 ml / 1 tl pipraterad

150 ml / ¼ pt / rikkalik ½ tassi kanapuljongit

praeõli

1 roheline salat, tükeldatud

4 tomatit, viilutatud

½ kurki, viilutatud

Hõõru kana soolaga ja lase 3 tundi puhata. Loputage ja asetage kaussi. Lisa vein või šerri, ingver, sojakaste, suhkur, nelk, sool, pipraterad ja puljong ning sega korralikult läbi. Asetage roog aurutisse, katke kaanega ja aurutage umbes 2 ¼ tundi, kuni kana on küps. Tühjendamiseks. Kuumuta õli suitsemiseni, seejärel lisa kana ja prae kuldseks. Prae veel 5 minutit, eemalda õlist ja nõruta. Lõika viiludeks ja tõsta kuumale serveerimistaldrikule. Kaunista salati, tomati ja kurgiga ning serveeri soola-piprakastmega.

Terve praetud kana

Väravad 5

1 kana

10 ml / 2 tl soola

15 ml / 1 spl riisiveini või kuiva šerrit

2 teed, pooleks lõigatud

3 viilu ingverijuurt, lõigatud ribadeks

praeõli

Patsuta kana kuivaks ja hõõru nahka soola ja veini või šerriga. Asetage murulauk ja ingver süvendisse. Riputage kana umbes 3 tunniks jahedasse kohta kuivama. Kuumuta õli ja pane kana praepannile. Kastke õrnalt õlisse ja peske pidevalt seest ja väljast, kuni kana on kergelt värvunud. Eemaldage õlist ja laske veidi jahtuda, kuni soojendate õli. Prae uuesti kuldseks. Nõruta hästi ja lõika siis tükkideks.

viis vürtsi kana

4 kuni 6 portsjoni jaoks

1 kana

120 ml / 4 fl untsi / ½ tassi sojakastet

2,5 cm / 1 tolli ingverijuur, tükeldatud

1 purustatud küüslauguküüs

15 ml / 1 spl viie vürtsi pulbrit

30 ml / 2 spl riisiveini või kuiva šerrit

30 ml / 2 supilusikatäit mett

2,5 ml / ½ tl seesamiõli

praeõli

30 ml / 2 supilusikatäit soola

5 ml / 1 tl värskelt jahvatatud pipart

Asetage kana suurde kastrulisse ja täitke see reie keskpaigani veega. Reserveerige 15 ml/1 spl sojakastet ja lisage ülejäänud pannile koos ingveri, küüslaugu ja poole viie vürtsi pulbriga. Kuumuta keemiseni, kata kaanega ja hauta 5 minutit. Lülitage kuumus välja ja laske kanal vees seista, kuni vesi on leige. Tühjendamiseks.

Lõika kana pikuti pooleks ja aseta lõikepool allapoole ahjuplaadile. Sega ülejäänud sojakaste ja viievürtsi pulber veini või šerri, mee ja seesamiõliga. Hõõru segu kana peale ja lase seista 2 tundi, aeg-ajalt seguga pintseldades. Kuumuta õli ja prae kanapoolikuid umbes 15 minutit, kuni need on pruunistunud ja läbi küpsenud. Nõruta majapidamispaberil ja lõika tükkideks.

Vahepeal sega hulka sool ja pipar ning kuumuta kuival pannil umbes 2 minutit. Serveeritakse kastmena kana kõrvale.

Kana ingveri ja murulauguga

4 inimesele

1 kana
2 viilu ingverijuurt, lõigatud ribadeks
soola ja värskelt jahvatatud pipart
90 ml / 4 spl maapähkliõli
8 kevadist sibulat (sibulat), peeneks hakitud
10 ml / 2 tl valge veini äädikat
5 ml/1 tl sojakastet

Aseta kana suurde kastrulisse, lisa pool ingverist ja vala peale nii palju vett, et kana oleks peaaegu kaetud. Maitsesta soola ja pipraga. Kuumuta keemiseni, kata ja hauta umbes 1¼ tundi, kuni see on pehme. Lase kana puljongis seista, kuni see jahtub. Nõruta kana ja pane külmkappi, kuni see on jahtunud. Lõika portsjoniteks.

Riivi ülejäänud ingver ning sega õli, talisibula, veiniäädika ja sojakastme, soola ja pipraga. Tõsta 1 tunniks külmkappi. Laota kanatükid serveerimisnõusse ja vala üle ingverikastmega. Serveeri aurutatud riisiga.

pošeeritud kana

4 inimesele

1 kana

1,2 l / 2 punkti / 5 tassi kanapuljongit või vett

30 ml / 2 spl riisiveini või kuiva šerrit

4 teed, tükeldatud

1 viil ingverijuurt

5 ml/1 tl soola

Asetage kana suurde kastrulisse koos kõigi ülejäänud koostisosadega. Puljong või vesi peaks jõudma reie keskpaigani. Kuumuta keemiseni, kata kaanega ja hauta umbes 1 tund, kuni kana on küps. Nõruta, jätke puljong suppide jaoks.

Punane keedetud kana

4 inimesele

1 kana

250 ml / 8 fl untsi / 1 tass sojakastet

Pane kana pannile, vala üle sojakastmega ja täitke veega, kuni see kana peaaegu katab. Kuumuta keemiseni, kata kaanega ja hauta umbes 1 tund, kuni kana on küps, aeg-ajalt keerates.

Punaseks küpsetatud kana vürtsidega

4 inimesele

2 viilu ingverijuurt

2 kevadsibulat (sibulat)

1 kana

3 tähtaniisi nelki

½ kaneelipulk

15 ml / 1 spl Sichuani pipraterad

75 ml / 5 spl sojakastet

75 ml / 5 spl riisiveini või kuiva šerrit

75 ml / 5 spl seesamiõli

15 ml / 1 lusikatäis suhkrut

Aseta ingver ja teed kanaõõnde ning aseta kana pannile. Seo tähtaniis, kaneel ja pipraterad musliinitüki sisse ning lisa pannile. Vala peale sojakaste, vein või šerri ja seesamiõli. Kuumuta keemiseni, kata kaanega ja hauta umbes 45 minutit. Lisa suhkur, kata ja küpseta veel 10 minutit, kuni kana on küps.

Grillitud seesamikana

4 inimesele

50 g / 2 untsi seesamiseemneid
1 peeneks hakitud sibul
2 hakitud küüslauguküünt
10 ml / 2 tl soola
1 kuivatatud punane tšilli, purustatud
näputäis jahvatatud nelki
2,5 ml / ½ tl jahvatatud kardemoni
2,5 ml / ½ tl jahvatatud ingverit
75 ml / 5 spl maapähkliõli (maapähklid)
1 kana

Sega kõik vürtsid ja õli ning pintselda kana. Pange see alusele ja lisage pannile 30 ml / 2 spl vett. Röstige eelkuumutatud ahjus temperatuuril 180°C/350°F/gaas 4 umbes 2 tundi, pestes ja aeg-ajalt keerates kana, kuni see on kuldpruun ja läbi küpsenud. Põlemise vältimiseks lisa vajadusel veel veidi vett.

Kana sojakastmes

4 kuni 6 portsjoni jaoks

300 ml / ½ pt / 1 ¼ tassi sojakastet

300 ml / ½ pt / 1 ¼ tassi riisiveini või kuiva šerrit

1 hakitud sibul

3 viilu ingverijuurt, tükeldatud

50 g / 2 untsi / ¼ tassi suhkrut

1 kana

15 ml / 1 spl maisijahu (maisitärklis)

60 ml / 4 supilusikatäit vett

1 kurk, kooritud ja viilutatud

30 ml / 2 spl hakitud värsket peterselli

Sega pannil sojakaste, vein või šerri, sibul, ingver ja suhkur ning kuumuta keemiseni. Lisage kana, laske keema tõusta, katke kaanega ja hautage 1 tund, kana aeg-ajalt keerates, kuni see on keedetud. Tõsta kana kuumale serveerimistaldrikule ja viiluta. Valage sisse kõik peale 250 ml / 8 fl untsi / 1 tass keeduvedelikku ja laske keema tõusta. Sega maisijahu ja vesi pastaks, sega pannile ja küpseta segades, kuni kaste õheneb ja pakseneb. Määri kanale veidi kastet ning kaunista kana kurkide ja peterselliga. Serveeri ülejäänud kaste eraldi.

aurutatud kana

4 inimesele

1 kana

45 ml / 3 spl riisiveini või kuiva šerrit

soola

2 viilu ingverijuurt

2 kevadsibulat (sibulat)

250 ml / 8 fl untsi / 1 tass kanapuljongit

Aseta kana ahjukindlasse kaussi ja hõõru veini või šerri ja soolaga ning aseta süvendisse ingver ja talisibul. Tõsta roog aurutisse restile, kata kaanega ja auruta keeva vee kohal umbes 1 tund kuni valmimiseni. Serveeri kuumalt või külmalt.

Aurutatud kana aniisiga

4 inimesele

250 ml / 8 fl untsi / 1 tass sojakastet

250 ml / 8 fl untsi / 1 tass vett

15 ml/1 spl fariinsuhkrut

4 tähtaniisi nelki

1 kana

Sega kastrulis sojakaste, vesi, suhkur ja aniis ning kuumuta madalal kuumusel keema. Aseta kana kaussi ja pintselda segu korralikult seest ja väljast. Kuumuta segu uuesti ja korda. Pange kana tulekindlasse kaussi. Tõsta roog aurutisse restile, kata kaanega ja auruta keeva vee kohal umbes 1 tund kuni valmimiseni.

kummalise maitsega kana

4 inimesele

1 kana

5 ml / 1 tl hakitud ingverijuurt

5 ml/1 tl hakitud küüslauku

45 ml / 3 spl paksu sojakastet

5 ml/1 tl suhkrut

2,5 ml / ½ tl veiniäädikat

10 ml / 2 tl seesamikastet

5 ml / 1 tl värskelt jahvatatud pipart

10 ml / 2 tl tšilliõli

½ rohelist salatit, tükeldatud

15 ml/1 spl värskelt hakitud koriandrit

Pane kana pannile ja täitke veega, kuni see ulatub kanakoibade keskele. Kuumuta keemiseni, kata kaanega ja hauta umbes 1 tund, kuni kana on pehme. Eemaldage pannilt ja nõrutage hästi ning leotage jäävees, kuni liha on täielikult jahtunud. Nõruta korralikult ja lõika 5 cm/2 tükkideks. Sega kõik ülejäänud koostisosad ja vala kana peale. Serveeri lehtsalati ja koriandriga.

krõbedad kanatükid

4 inimesele

100 g tavalist jahu (üldotstarbeline)

näputäis soola

15 ml/1 supilusikatäis vett

1 muna

350 g / 12 untsi keedetud kana, tükeldatud

praeõli

Sega jahu, sool, vesi ja muna, kuni saad parajalt jäiga taigna, vajadusel lisa veidi vett. Kastke kanatükid taignasse, kuni need on hästi kaetud. Kuumuta õli väga kuumaks ja prae kana paar minutit krõbedaks ja kuldseks.

Kana roheliste ubadega

4 inimesele

45 ml / 3 spl maapähkliõli (maapähklid)
450 g / 1 nael keedetud kana, tükeldatud
5 ml/1 tl soola
2,5 ml / ½ tl värskelt jahvatatud pipart
8 untsi / 225 g rohelisi ube, tükkideks lõigatud
1 sellerivars, lõigatud diagonaalselt
225 g / 8 untsi seeni, viilutatud
250 ml / 8 fl untsi / 1 tass kanapuljongit
30 ml / 2 spl maisijahu (maisitärklis)
60 ml / 4 supilusikatäit vett
10 ml / 2 tl sojakastet

Kuumuta õli ja prae kana, maitsesta soola ja pipraga kergelt pruuniks. Lisa oad, seller ja seened ning sega korralikult läbi. Lisa puljong, lase keema tõusta, kata kaanega ja hauta 15 minutit. Sega maisijahu, vesi ja sojakaste pastaks, sega pannile ja küpseta segades, kuni kaste õheneb ja pakseneb.

Keedetud kana ananassiga

4 inimesele

45 ml / 3 spl maapähkliõli (maapähklid)
8 untsi / 225 g keedetud kana, tükeldatud
soola ja värskelt jahvatatud pipart
2 sellerivart, lõigatud diagonaalselt
3 ananassi viilu, lõigatud tükkideks
120 ml / 4 fl untsi / ½ tassi kanapuljongit
15 ml/1 spl sojakastet
10 ml / 2 spl maisijahu (maisitärklis)
30 ml / 2 supilusikatäit vett

Kuumuta õli ja prae kana, kuni see muutub kergelt kuldseks. Maitsesta soola ja pipraga, lisa seller ja prae 2 minutit. Lisa ananass, puljong ja sojakaste ning sega paar minutit, kuni see on läbi kuumenenud. Sega maisijahu ja vesi pastaks, sega pannile ja küpseta segades, kuni kaste õheneb ja pakseneb.

Kana paprika ja tomatiga

4 inimesele

45 ml / 3 spl maapähkliõli (maapähklid)
450 g / 1 nael keedetud kana, viilutatud
10 ml / 2 tl soola
5 ml / 1 tl värskelt jahvatatud pipart
1 tükkideks lõigatud roheline paprika
4 suurt tomatit, kooritud ja viilutatud
250 ml / 8 fl untsi / 1 tass kanapuljongit
30 ml / 2 spl maisijahu (maisitärklis)
15 ml/1 spl sojakastet
120 ml / 4 fl untsi / ½ tassi vett

Kuumuta õli ja prae kana, maitsesta soola ja pipraga kuldseks. Lisa paprika ja tomatid. Vala puljong, lase keema tõusta, kata ja keeda 15 minutit. Sega maisijahu, sojakaste ja vesi pastaks, sega pannil ja küpseta segades, kuni kaste õheneb ja pakseneb.

seesami kana

4 inimesele

450 g / 1 nael ribadeks lõigatud keedetud kana
2 viilu peeneks hakitud ingverit
1 talisibul (sibul), peeneks hakitud
soola ja värskelt jahvatatud pipart
60 ml / 4 spl riisiveini või kuiva šerrit
60 ml / 4 spl seesamiõli
10 ml / 2 tl suhkrut
5 ml/1 tl veiniäädikat
150 ml / ¼ pt / ½ tassi rikkalikku sojakastet

Laota kana serveerimistaldrikule ning puista peale ingverit, murulauku, soola ja pipart. Sega juurde vein või šerri, seesamiõli, suhkur, veiniäädikas ja sojakaste. Vala kana peale.

praetud tibud

4 inimesele

2 šalottsibul, pooleks lõigatud

45 ml / 3 spl sojakastet

45 ml / 3 spl riisiveini või kuiva šerrit

120 ml / 4 fl untsi / ½ tassi maapähkliõli (maapähklid)

1 talisibul (sibul), peeneks hakitud

30 ml / 2 spl kanapuljongit

10 ml / 2 tl suhkrut

5 ml/1 tl tšilliõli

5 ml / 1 tl küüslaugupastat

sool ja pipar

Aseta kikerherned kaussi. Segage sojakaste ja vein või šerri, valage poussinidele, katke kaanega ja marineerige 2 tundi, sageli pestes. Kuumuta õli ja prae pisikesi umbes 20 minutit, kuni nad on hästi küpsed. Eemaldage need pannilt ja soojendage õli uuesti. Pane need tagasi pannile ja prae kuldpruuniks. Nõruta suurem osa õlist ära. Sega ülejäänud koostisosad, lisa pannile ja kuumuta kiiresti läbi. Enne serveerimist vala pousiinidele.

Türgi koos Mangetoutiga

4 inimesele

60 ml / 4 spl maapähkliõli

2 teed, tükeldatud

2 hakitud küüslauguküünt

1 viil ingverijuurt, tükeldatud

225 g / 8 untsi ribadeks lõigatud kalkunirind

8 untsi / 225 g lumeherneid

100 g / 4 untsi ribadeks lõigatud bambusevõrseid

50g / 2oz vesikastanit, ribadeks lõigatud

45 ml / 3 spl sojakastet

15 ml / 1 spl riisiveini või kuiva šerrit

5 ml/1 tl suhkrut

5 ml/1 tl soola

15 ml / 1 spl maisijahu (maisitärklis)

Kuumuta 45 ml/3 spl õli ning prae sibul, küüslauk ja ingver kergelt kuldseks. Lisa kalkun ja prae 5 minutit. Eemalda pannilt ja tõsta kõrvale. Kuumuta ülejäänud õli ning prae lumeherneid, bambusevõrseid ja vesikastaneid 3 minutit. Lisage sojakaste, vein või šerri, suhkur ja sool ning pange kalkun uuesti pannile. Keeda 1 minut. Maisijahu segatakse vähese veega, segatakse pannile ja hautatakse segades, kuni kaste õheneb ja pakseneb.

Kalkun paprikaga

4 inimesele

4 kuivatatud hiina seeni

30 ml / 2 spl maapähkliõli

1 bok choy, lõigatud ribadeks

350 g / 12 untsi suitsukalkunit, ribadeks lõigatud

1 viilutatud sibul

1 punane paprika ribadeks lõigatud

1 ribadeks lõigatud roheline paprika

120 ml / 4 fl untsi / ½ tassi kanapuljongit

30 ml / 2 spl tomatipüreed (pasta)

45 ml / 3 spl veiniäädikat

30 ml / 2 spl sojakastet

15 ml/1 spl hoisin kastet

10 ml / 2 tl maisijahu (maisitärklis)

paar tilka kuuma pipraõli

Leota seeni 30 minutit leiges vees, seejärel nõruta. Visake varred ära ja lõigake pealsed ribadeks. Kuumuta pool õlist ja prae kapsast umbes 5 minutit või kuni see on küpsenud. Eemalda pannilt. Lisa kalkun ja prae 1 minut. Lisa köögiviljad ja prae 3 minutit. Sega puljong tomatipüree, veiniäädika ja kastmetega ning lisa koos kapsaga kastrulisse. Sega maisitärklis vähese veega, sega potti ja kuumuta segades keemiseni. Nirista peale tšilliõli ja küpseta tasasel tulel pidevalt segades 2 minutit.

Hiina kalkunipraad

Serveerib 8-10

1 väike kalkun

600 ml / 1 pt / 2½ tassi kuuma vett

10 ml / 2 tl pimenti

500 ml / 16 fl untsi / 2 tassi sojakastet

5 ml/1 tl seesamiõli

10 ml / 2 tl soola

45 ml / 3 supilusikatäit võid

Pane kalkun pannile ja vala peale kuum vesi. Lisa ülejäänud ained peale või ja lase 1 tund seista, keerates mitu korda. Eemaldage kalkun vedelikust ja pintseldage võiga. Asetage alusele, katke lõdvalt majapidamispaberiga ja röstige eelkuumutatud ahjus temperatuuril 160 °C/325 °F/gaas 3 umbes 4 tundi, loputades aeg-ajalt sojakastme vedelikuga. Eemalda foolium ja lase nahal kerkida viimase 30 minuti jooksul.

Kalkun pähklite ja seentega

4 inimesele

450 g / 1 kg kalkuni rinnafilee

sool ja pipar

1 apelsini mahl

15 ml / 1 spl tavalist jahu (universaalne)

12 musta kreeka pähklit mahlas marineeritud

5 ml / 1 tl maisijahu (maisitärklis)

15 ml / 1 spl maapähkliõli

2 kevadist sibulat (sibulat), kuubikuteks lõigatud

225 g / 8 untsi seeni

45 ml / 3 spl riisiveini või kuiva šerrit

10 ml / 2 tl sojakastet

50 g / 2 untsi / ½ tassi võid

25 g / 1 unts seedermänni pähkleid

Lõika kalkun 1/2 cm paksusteks viiludeks. Puista peale soola, pipart ja apelsinimahla ning puista jahuga. Nõruta ja lõika kreeka pähklid pooleks, jättes vedeliku alles, ning sega vedelik maisitärklisega. Kuumuta õli ja prae kalkun kuldseks. Lisa kevadised sibulad ja seened ning prae 2 minutit. Lisa vein või šerri ja sojakaste ning hauta 30 sekundit. Lisa maisijahu segule

kreeka pähklid, sega seejärel pannile ja kuumuta keemiseni.
Lisa või väikeste helvestena, kuid ära lase segul keema. Rösti
piiniaseemned kuival pannil kuldseks. Tõsta kalkuni segu
soojale serveerimistaldrikule ja serveeri
seedermänniseemnetega kaunistatult.

part bambusevõrsetega

4 inimesele

6 kuivatatud hiina seeni

1 part

50g / 2oz ribadeks lõigatud suitsusinki

100 g / 4 untsi ribadeks lõigatud bambusevõrseid

2 talisibulat (sibulat), lõigatud ribadeks

2 viilu ingverijuurt, lõigatud ribadeks

5 ml/1 tl soola

Leota seeni 30 minutit leiges vees, seejärel nõruta. Visake
varred ära ja lõigake pealsed ribadeks. Pane kõik ained
kuumakindlasse kaussi ja aseta veega täidetud pannile, kuni
kaks kolmandikku kausist on täis. Kuumuta keemiseni, kata
kaanega ja hauta umbes 2 tundi, kuni part on küps, vajadusel
lisa keeva veega.

Part oa võrsetega

4 inimesele

225 g / 8 untsi ubad
45 ml / 3 spl maapähkliõli (maapähklid)
450 g / 1 nael keedetud pardiliha
15 ml/1 spl austrikastet
15 ml / 1 spl riisiveini või kuiva šerrit
30 ml / 2 supilusikatäit vett
2,5 ml / ½ tl soola

Blanšeeri oadud 2 minutit keevas vees, seejärel nõruta. Kuumuta õli, prae oa idandeid 30 sekundit. Lisa part, prae läbikuumenemiseni. Lisa ülejäänud koostisosad ja prae 2 minutit, et maitsed seguneksid. Serveeri korraga.

hautatud part

4 inimesele

4 teed, tükeldatud

1 viil ingverijuurt, tükeldatud

120 ml / 4 fl untsi / ½ tassi sojakastet

30 ml / 2 spl riisiveini või kuiva šerrit

1 part

120 ml / 4 fl untsi / ½ tassi maapähkliõli (maapähklid)

600 ml / 1 pt / 2½ tassi vett

15 ml/1 spl fariinsuhkrut

Sega kevadised sibulad, ingver, sojakaste ja vein või šerri ning hõõru sellega pardile seest ja väljast. Kuumuta õli ja prae part igast küljest kergelt kuldseks. Kurna õli. Lisa vesi ja ülejäänud sojakastme segu, kuumuta keemiseni, kata kaanega ja hauta 1 tund. Lisa suhkur, kata kaanega ja hauta veel 40 minutit, kuni part on pehme.

Aurutatud part selleriga

4 inimesele

350 g / 12 untsi keedetud part, viilutatud

1 pea sellerit
250 ml / 8 fl untsi / 1 tass kanapuljongit
2,5 ml / ½ tl soola
5 ml/1 tl seesamiõli
1 tomat, viilutatud

Aseta part aurutirestile. Lõika seller 7,5 cm / 3 pikkadeks tükkideks ja aseta pannile. Vala peale puljong, maitsesta soolaga ja aseta auruti pannile. Aja puljong keema, seejärel hauta umbes 15 minutit, kuni seller on pehme ja part läbi kuumenenud. Laota part ja seller soojendatud serveerimistaldrikule, nirista sellerile seesamiõli ja serveeri tomativiiludega.

part ingveriga

4 inimesele

350g / 12oz pardirind, õhukeselt viilutatud

1 muna, kergelt lahtiklopitud

5 ml/1 tl sojakastet

5 ml / 1 tl maisijahu (maisitärklis)

5 ml/1 tl maapähkliõli

praeõli

50 g / 2 untsi bambusevõrseid

50 g / 2 untsi lumeherneid

2 viilu ingverijuurt, tükeldatud

15 ml/1 supilusikatäis vett

2,5 ml / ½ tl suhkrut

2,5 ml / ½ tl riisiveini või kuiva šerrit

2,5 ml / ½ tl seesamiõli

Sega part muna, sojakastme, maisitärklise ja õliga ning lase 10 minutit seista. Kuumuta õli ning prae pardi- ja bambusevõrsed küpseks ja kuldseks. Eemalda pannilt ja nõruta hästi. Valage pannilt õli peale 15 ml / 1 spl ja praege part, bambusevõrsed, lumeherned, ingver, vesi, suhkur ja vein või šerrit 2 minutit. Serveeritakse seesamiõliga piserdatuna.

Part roheliste ubadega

4 inimesele

1 part

60 ml / 4 spl maapähkliõli

2 hakitud küüslauguküünt

2,5 ml / ½ tl soola

1 hakitud sibul

15 ml / 1 spl riivitud ingverijuurt

45 ml / 3 spl sojakastet

120 ml / 4 fl untsi / ½ tassi riisiveini või kuiva šerrit

60 ml / 4 spl tomatikastet (ketšup)

45 ml / 3 spl veiniäädikat

300 ml / ½ pt / 1¼ tassi kanasuppi

1 kilogramm / 450 g rohelisi ube, viilutatud

värskelt jahvatatud pipra pulber

5 tilka tšilliõli

15 ml / 1 spl maisijahu (maisitärklis)

30 ml / 2 supilusikatäit vett

Lõika part 8-10 tükiks. Kuumuta õli ja prae part kuldseks. Tõsta kaussi. Lisa küüslauk, sool, sibul, ingver, sojakaste, vein või šerri, tomatikaste ja veiniäädikas. Sega, kata ja marineeri külmkapis 3 tundi.

Kuumuta õli uuesti, lisa part, puljong ja marinaad, lase keema tõusta, kata kaanega ja hauta 1 tund. Lisa oad, kata kaanega ja hauta 15 minutit. Lisa pipar ja tšilliõli. Sega maisijahu veega, sega pannil ja keeda tasasel tulel segades, kuni kaste pakseneb.

aurutatud part

4 inimesele

1 part
soola ja värskelt jahvatatud pipart
praeõli
hoisin kaste

Maitsesta part soola ja pipraga ning aseta kuumakindlasse kaussi. Aseta kastrulisse, mis on täidetud veega kuni kaks kolmandikku anuma kõrgusest, lase keema tõusta, kata kaanega ja hauta umbes 1 1/2 tundi, kuni part on pehme. Nõruta ja lase jahtuda.

Kuumuta õli ja prae part krõbedaks ja kuldseks. Eemalda ja nõruta hästi. Lõika väikesteks tükkideks ja serveeri hoisin kastmega.

Part eksootiliste puuviljadega

4 inimesele

4 pardi rinnafileed, lõigatud ribadeks

2,5 ml / ½ tl viie vürtsi pulbrit

30 ml / 2 spl sojakastet

15 ml/1 spl seesamiõli

15 ml / 1 spl maapähkliõli

3 varssellerit, tükeldatud

2 ananassi viilu, tükeldatud

100 g / 4 untsi meloni, kuubikuteks lõigatud

4 untsi / 100 g litšid, poolitatud

130 ml / 4 fl untsi / ½ tassi kanapuljongit

30 ml / 2 spl tomatipüreed (pasta)

30 ml / 2 spl hoisin kastet

10 ml / 2 tl veiniäädikat

tuhksuhkur pruun

Aseta part kaussi. Sega viie vürtsi pulber, sojakaste ja seesamiõli, vala pardile ja marineeri 2 tundi, aeg-ajalt segades. Kuumuta õli ja prae parti 8 minutit. Eemalda pannilt. Lisa seller ja puuviljad ning prae 5 minutit. Tõsta part koos ülejäänud koostisosadega pannile tagasi, kuumuta keemiseni ja kuumuta segades 2 minutit enne serveerimist.

Hautatud part hiina lehtedega

4 inimesele

1 part

30 ml / 2 spl riisiveini või kuiva šerrit

30 ml / 2 spl hoisin kastet

15 ml / 1 spl maisijahu (maisitärklis)

5 ml/1 tl soola

5 ml/1 tl suhkrut

60 ml / 4 spl maapähkliõli

4 teed, tükeldatud

2 hakitud küüslauguküünt

1 viil ingverijuurt, tükeldatud

75 ml / 5 spl sojakastet

600 ml / 1 pt / 2½ tassi vett

8 untsi / 225 g Hiina lehti, tükeldatud

Lõika part umbes 6 tükiks. Sega juurde vein või šerri, hoisinkaste, maisitärklis, sool ja suhkur ning hõõru part. Lase seista 1 tund. Kuumuta õli ning prae talisibulat, küüslauku ja ingverit paar sekundit. Lisa part ja prae igast küljest kergelt kuldseks. Kurna üleliigne rasv ära. Vala sojakaste ja vesi, lase keema tõusta, kata kaanega ja hauta umbes 30 minutit. Lisa hiina lehed, kata uuesti ja hauta veel 30 minutit, kuni part on pehme.

purjus part

4 inimesele

2 teed, tükeldatud

2 hakitud küüslauguküünt

1,5 l / 2½ punkti / 6 tassi vett

1 part

450 ml / ¾ pt / 2 tassi riisiveini või kuiva šerrit

Pane murulauk, küüslauk ja vesi suurde potti ning kuumuta keemiseni. Lisa part, lase keema tõusta, kata kaanega ja hauta 45 minutit. Nõruta hästi, jättes vedeliku puljongile. Lase pardil jahtuda, seejärel hoia üleöö külmkapis. Lõika part tükkideks ja pane suurde keeratava kaanega purki. Vala peale veini või šerri ja jahuta umbes 1 nädal enne kurnamist ja jahutatult serveerimist.

viis vürtsi part

4 inimesele

150 ml / ¼ pt / helde ½ tassi riisiveini või kuiva šerrit

150 ml / ¼ pt / ½ tassi rikkalikku sojakastet

1 part

10 ml / 2 tl viie vürtsi pulbrit

Aja vein või šerri ja sojakaste keema. Lisa part ja küpseta keerates umbes 5 minutit. Tõsta part pannilt ja hõõru viie vürtsi pulbriga nahka. Tõsta lind tagasi pannile ja lisa nii palju vett, et part oleks poolenisti kaetud. Kuumuta keemiseni, kata kaanega ja hauta umbes 1 1/2 tundi, kuni part on pehme, keerates ja pestes sageli. Lõika part 5 cm / 2 tükiks ja serveeri soojalt või külmalt.

Röstitud part ingveriga

4 inimesele

1 part

2 viilu ingverijuurt, riivitud

2 teed, tükeldatud

15 ml / 1 spl maisijahu (maisitärklis)

30 ml / 2 spl sojakastet

30 ml / 2 spl riisiveini või kuiva šerrit

2,5 ml / ½ tl soola

45 ml / 3 spl maapähkliõli (maapähklid)

Eemaldage liha luudest ja lõigake tükkideks. Sega liha kõigi ülejäänud koostisosadega, välja arvatud õli. Lase seista 1 tund. Kuumuta õli ja prae parti marinaadis umbes 15 minutit, kuni part on pehme.

Part singi ja porruga

4 inimesele

1 part

450 g / 1 kg suitsusinki

2 porrut

2 viilu ingverijuurt, tükeldatud

45 ml / 3 spl riisiveini või kuiva šerrit

45 ml / 3 spl sojakastet

2,5 ml / ½ tl soola

Aseta part pannile ja kata külma veega. Kuumuta keemiseni, kata kaanega ja hauta umbes 20 minutit. Nõruta ja varu 450 ml / ¾ punkti / 2 tassi puljongit. Lase pardil veidi jahtuda, siis lõika liha kontidelt ja lõika 5 cm ruutudeks. Lõika sink sarnasteks tükkideks. Lõika porrust pikad tükid ja veereta lehe sees pardi- ja singiviil ning seo nööriga kinni. Aseta kuumakindlasse anumasse. Lisage varutud puljongile ingver, vein või šerri, sojakaste ja sool ning valage pardirullidele. Asetage kauss veega täidetud kastrulisse, kuni see ulatub kahe kolmandikuni kausi servast. Kuumuta keemiseni, kata kaanega ja hauta umbes 1 tund, kuni part on pehme.

praepart meega

4 inimesele

1 part

soola

3 küüslauguküünt, hakitud

3 teed, tükeldatud

45 ml / 3 spl sojakastet

45 ml / 3 spl riisiveini või kuiva šerrit

45 ml / 3 lusikatäit mett

200 ml / 7 fl untsi / napp 1 tass keeva vett

Patsuta part kuivaks ja hõõru soola seest ja väljast. Sega hulka küüslauk, talisibul, sojakaste ja vein või šerri, seejärel jaga segu pooleks. Sega mesi pooleks ja hõõru pardile, seejärel lase kuivada. Lisa ülejäänud mee segule vesi. Vala sojakastme segu pardiõõnde ja aseta restile pannile, mille põhjas on veidi vett. Röstige eelkuumutatud ahjus temperatuuril 180°C/350°F/gaas 4 umbes 2 tundi, kuni part on pehme, pestes seda kogu küpsemise ajal ülejäänud mee seguga.

niiske praepart

4 inimesele

6 sibulat (sibulat), hakitud

2 viilu ingverijuurt, tükeldatud

1 part

2,5 ml / ½ tl jahvatatud aniisi

15 ml / 1 lusikatäis suhkrut

45 ml / 3 spl riisiveini või kuiva šerrit

60 ml / 4 spl sojakastet

250 ml / 8 fl untsi / 1 tass vett

Asetage pool teest ja ingverist suurele tugevale pannile. Aseta ülejäänu pardiõõnde ja lisa pannile. Lisage kõik ülejäänud koostisosad, välja arvatud hoisin-kaste, keetke, katke kaanega ja keetke aeg-ajalt keerates umbes 1 1/2 tundi. Eemalda part pannilt ja lase umbes 4 tundi kuivada.

Aseta part restile vähese külma veega täidetud pannile. Röstige eelkuumutatud ahjus temperatuuril 230°C/450°F/gaas 8 15 minutit, seejärel keerake ümber ja röstige veel 10 minutit, kuni see on krõbe. Vahepeal kuumuta reserveeritud vedelik uuesti ja vala serveerimiseks pardile.

Praetud part seentega

4 inimesele

1 part

75 ml / 5 spl maapähkliõli (maapähklid)

45 ml / 3 spl riisiveini või kuiva šerrit

15 ml/1 spl sojakastet

15 ml / 1 lusikatäis suhkrut

5 ml/1 tl soola

pipra pulber

2 hakitud küüslauguküünt

225 g / 8 untsi poolitatud seeni

600 ml / 1 pt / 2½ tassi kanapuljongit

15 ml / 1 spl maisijahu (maisitärklis)

30 ml / 2 supilusikatäit vett

5 ml/1 tl seesamiõli

Lõika part 5 cm / 2 tükiks, kuumuta 45 ml / 3 spl õli ja prae part igast küljest kergelt kuldseks. Lisa vein või šerri, sojakaste, suhkur, sool ja pipar ning küpseta 4 minutit. Eemalda pannilt. Kuumuta ülejäänud õli ja prae küüslauku, kuni see muutub kergelt kuldseks. Lisa seened ja sega, kuni need on õliga kaetud, seejärel tõsta pardisegu tagasi pannile ja lisa puljong. Kuumuta keemiseni, kata kaanega ja hauta umbes 1 tund, kuni part on pehme. Segage maisijahu ja vesi pastaks, seejärel segage see segusse ja keetke segades, kuni kaste pakseneb. Nirista üle seesamiõliga ja serveeri.

part kahe seenega

4 inimesele

6 kuivatatud hiina seeni

1 part

750 ml / 1¼ punkti / 3 tassi kanapuljongit

45 ml / 3 spl riisiveini või kuiva šerrit

5 ml/1 tl soola

100 g / 4 untsi ribadeks lõigatud bambusevõrseid

100 g / 4 untsi seeni

Leota seeni 30 minutit leiges vees, seejärel nõruta. Visake varred ära ja lõigake pealsed pooleks. Asetage part suurde kuumakindlasse kaussi koos puljongi, veini või šerri ja soolaga ning asetage veega täidetud kastrulisse nii, et see ulatuks kahe kolmandiku ulatuses poti külgedest ülespoole. Kuumuta keemiseni, kata kaanega ja hauta umbes 2 tundi, kuni part on pehme. Eemaldage pannilt ja lõigake liha luu küljest lahti. Tõsta keeduvedelik eraldi pannile. Asetage bambusevõrsed ja mõlemat tüüpi seened auruti põhja, asetage pardiliha tagasi, katke ja aurutage veel 30 minutit. Kuumuta keeduvedelik keemiseni ja kalla serveerimiseks pardile.

Hautatud part sibulaga

4 inimesele

4 kuivatatud hiina seeni

1 part

90 ml / 6 spl sojakastet

60 ml / 4 spl maapähkliõli

1 sibul (sibul), hakitud

1 viil ingverijuurt, tükeldatud

45 ml / 3 spl riisiveini või kuiva šerrit

1 kilogramm / 450 g sibulat, viilutatud

100 g / 4 untsi bambusevõrseid, viilutatud

15 ml/1 spl fariinsuhkrut

15 ml / 1 spl maisijahu (maisitärklis)

45 ml / 3 supilusikatäit vett

Leota seeni 30 minutit leiges vees, seejärel nõruta. Visake varred ära ja lõigake pealsed ära. Pintselda pardi sisse 15 ml / 1 spl sojakastet. Varu 15ml/1spl õli, kuumuta ülejäänud õli ning prae talisibul ja ingver kergelt kuldseks. Lisa part ja prae igast küljest kergelt kuldseks. Eemaldab liigse rasva. Lisa vein või šerri, pannile järelejäänud sojakaste ja nii palju vett, et part oleks peaaegu kaetud. Kuumuta keemiseni, kata kaanega ja keeda aeg-ajalt keerates 1 tund.

Kuumuta reserveeritud õli ja prae sibul pehmeks. Tõsta tulelt ja lisa bambusevõrsed ja seened, seejärel lisa pardile, kata kaanega ja hauta veel 30 minutit, kuni part on pehme. Tõsta part pannilt, lõika tükkideks ja tõsta kuumale serveerimistaldrikule. Aja potis olevad vedelikud keema, lisa suhkur ja maisitärklis ning keeda segades, kuni segu keeb ja pakseneb. Serveerimiseks vala pardile.

Part apelsiniga

4 inimesele

1 part
3 kevadist sibulat (sibulat), lõigatud tükkideks
2 viilu ingverijuurt, lõigatud ribadeks
1 viil apelsinikoort
soola ja värskelt jahvatatud pipart

Aseta part suurde potti, kata veega ja kuumuta keemiseni. Lisa kevadised sibulad, ingver ja apelsinikoor, kata kaanega ja hauta umbes 1 1/2 tundi, kuni part on pehme. Maitsesta soola ja pipraga, nõruta ja serveeri.

praepart apelsinidega

4 inimesele

1 part

2 küüslauguküünt pooleks lõigatud

45 ml / 3 spl maapähkliõli (maapähklid)

1 sibul

1 apelsin

120 ml / 4 fl untsi / ½ tassi riisiveini või kuiva šerrit

2 viilu ingverijuurt, tükeldatud

5 ml/1 tl soola

Hõõru küüslauk pardile seest ja väljast, seejärel pintselda õliga. Kooritud sibul leitakse kahvliga, asetatakse koos koorimata apelsiniga pardiõõnde ja suletakse vardas. Asetage part restile vähese kuuma veega täidetud alusele ja röstige ahjus, mis on eelsoojendatud temperatuurini 160°C/325°F/gaasmark 3 umbes 2 tundi. Visake vedelikud ära ja pange part pannile tagasi. Vala üle veini või šerriga ning puista üle ingveri ja soolaga. Pane ahju veel 30 minutiks tagasi. Visake sibul ja apelsin ära ning lõigake part serveerimiseks tükkideks. Serveerimiseks vala pardile pannimahlad.

Part pirni ja kastanitega

4 inimesele

8 untsi / 225 g kooritud kastaneid

1 part

45 ml / 3 spl maapähkliõli (maapähklid)

250 ml / 8 fl untsi / 1 tass kanapuljongit

45 ml / 3 spl sojakastet

15 ml / 1 spl riisiveini või kuiva šerrit

5 ml/1 tl soola

1 viil ingverijuurt, tükeldatud

1 suur pirn, kooritud ja lõigatud paksudeks viiludeks

15 ml / 1 lusikatäis suhkrut

Keeda kastaneid 15 minutit ja nõruta. Lõika part 5 cm / 2 tükiks Kuumuta õli ja prae part igast küljest kergelt kuldseks. Kurna üleliigne õli ära, seejärel lisa puljong, sojakaste, vein või šerri, sool ja ingver. Kuumuta keemiseni, kata kaanega ja keeda aeg-ajalt segades 25 minutit. Lisa kastanid, kata ja hauta veel 15 minutit. Puista pirn üle suhkruga, lisa pannile ja küpseta umbes 5 minutit, kuni see on läbi kuumenenud.

Pekingi part

6 eest

1 part

250 ml / 8 fl untsi / 1 tass vett

120 ml / 4 fl untsi / ½ tassi mett

120 ml / 4 fl untsi / ½ tassi seesamiõli

Pannkookide jaoks:

250 ml / 8 fl untsi / 1 tass vett

225 g / 8 untsi / 2 tassi tavalist jahu (universaalne)

maapähkliõli praadimiseks

Kastmete jaoks:

120 ml / 4 fl untsi / ½ tassi hoisin kastet

30 ml / 2 spl pruuni suhkrut

30 ml / 2 spl sojakastet

5 ml/1 tl seesamiõli

6 talisibulat (sibulat), lõigatud pikuti

1 ribadeks lõigatud kurk

Part peab olema terve, terve nahaga. Seo kael tugevasti nööriga kinni ja õmble või kinnita alumine ava. Lõika kaela küljele väike pilu, pista kõrs sisse ja puhu naha alla õhku, kuni see paisub. Asetage part kausi kohale ja laske 1 tund puhata.

Kuumuta pannil vesi keemiseni, lisa part ja küpseta 1 minut, seejärel eemalda ja kuivata hästi. Lase vesi keema ja lisa mesi. Hõõru seguga pardinahale küllastumiseni. Riputage part anuma kohal jahedas, õhurikkas kohas umbes 8 tundi, kuni nahk on tihke.

Riputage part või asetage see panni kohal olevale restile ja röstige ahjus, mis on eelsoojendatud temperatuurini 180 °C/350 °F/gaasmark 4, umbes pool tundi, loputades regulaarselt seesamiõliga.

Pannkookide valmistamiseks lase vesi keema, seejärel lisa vähehaaval jahu. Sõtku õrnalt, kuni tainas on pehme, kata niiske lapiga ja lase 15 minutit seista. Laota see jahusele pinnale ja vormi sellest pikk silinder. Lõika 2,5 cm suurusteks viiludeks, seejärel tasandage umbes 5 mm / ¼ paksuseks ja pintselda pealt õliga. Virna paarikaupa nii, et õlitatud pinnad kokku puutuksid, ja puista väljast kergelt jahuga. Rulli paarid umbes 10 cm laiuseks ja küpseta paarikaupa mõlemalt poolt umbes 1 minut, kuni need on kergelt kuldsed. Eraldage ja virna, kuni olete serveerimiseks valmis.

Valmista kastmed, segades pool hoisin-kastmest suhkruga ja ülejäänud hoisin-kaste sojakastme ja seesamiõliga.

Võta part ahjust välja, lõika nahk ja lõika ruutudeks ning lõika liha kuubikuteks. Laota eraldi taldrikutele ja serveeri pannkookide, kastmete ja külgedega.

Hautatud part ananassiga

4 inimesele

1 part

400 g / 14 untsi konserveeritud ananassi tükid siirupis

45 ml / 3 spl sojakastet

5 ml/1 tl soola

värskelt jahvatatud pipra pulber

Aseta part tugevapõhjalisele pannile, kata täpselt piisava koguse veega, lase keema tõusta, seejärel kata kaanega ja hauta 1 tund. Valage ananassisiirup koos sojakastme, soola ja pipraga pannile, katke kaanega ja hautage veel 30 minutit. Lisa ananassitükid ja hauta veel 15 minutit, kuni part on pehme.

Praetud part ananassiga

4 inimesele

1 part

45 ml / 3 spl maisijahu (maisitärklis)

45 ml / 3 spl sojakastet

225 g / 8 untsi konserveeritud ananassi siirupis

45 ml / 3 spl maapähkliõli (maapähklid)

2 viilu ingverijuurt, lõigatud ribadeks

15 ml / 1 spl riisiveini või kuiva šerrit

5 ml/1 tl soola

Lõika liha luust ja lõika tükkideks. Sega sojakaste 30 ml / 2 spl maisijahuga ja sega pardi hulka, kuni see on hästi kaetud. Lase seista 1 tund, aeg-ajalt segades. Püreesta ananass ja siirup ning kuumuta õrnalt pannil. Sega ülejäänud maisijahu vähese veega, sega pannile ja hauta segades, kuni kaste pakseneb. Püsi soojas. Kuumutage õli ja praege ingver kergelt kuldseks, seejärel visake ingver ära. Lisa part ja prae igast küljest kergelt kuldseks. Lisa vein või šerri ja sool ning prae veel paar minutit, kuni part on läbi küpsenud. Laota part soojendatud serveerimistaldrikule, vala üle kastmega ja serveeri kohe.

Ananassi ingveripart

4 inimesele

1 part

100 g / 4 untsi siirupis konserveeritud ingverit

200 g / 7 untsi konserveeritud ananassi tükid siirupis

5 ml/1 tl soola

15 ml / 1 spl maisijahu (maisitärklis)

30 ml / 2 supilusikatäit vett

Aseta part ahjukindlasse kaussi ja aseta veega täidetud pannile, kuni see ulatub kahe kolmandikuni kausi servast. Kuumuta keemiseni, kata kaanega ja hauta umbes 2 tundi, kuni part on pehme. Eemalda part ja lase veidi jahtuda. Eemalda nahk ja luu ning lõika part tükkideks. Laota serveerimisvaagnale ja hoia soojas.

Nõruta pannil ingveri- ja ananassiirup, lisa sool, õli ja vesi. Kuumuta segades keemiseni ja keeda segades mõni minut, kuni kaste õheneb ja pakseneb. Lisa ingver ja ananass, sega läbi ja vala serveerimiseks pardile.

Part ananassi ja litšiga

4 inimesele

4 pardirinda

15 ml/1 spl sojakastet

1 tähtaniisi nelk

1 viil ingverijuurt

maapähkliõli praadimiseks

90 ml / 6 spl veiniäädikat

100 g / 4 untsi / ½ tassi pruuni suhkrut

250 ml / 8 fl untsi / ½ tassi kanapuljongit

15 ml / 1 lusikas tomatikastet (ketšup)

200 g / 7 untsi konserveeritud ananassi tükid siirupis

15 ml / 1 spl maisijahu (maisitärklis)

6 purki litši

6 maraschino kirsi

Pane pardid, sojakaste, aniis ja ingver kastrulisse ning kata külma veega. Kuumuta keemiseni, eemalda rasv, kata kaanega ja hauta umbes 45 minutit, kuni part on läbi küpsenud. Nõruta ja kuivata. Prae kuumas õlis krõbedaks.

Samal ajal sega kastrulis veiniäädikas, suhkur, puljong, tomatikaste ja 30 ml/2 spl ananassiirupit, kuumuta keemiseni ja hauta umbes 5 minutit, kuni see pakseneb. Lisa puuviljad ja kuumuta läbi, enne kui kallad serveerimiseks pardile.

Part sealiha ja kastanitega

4 inimesele
6 kuivatatud hiina seeni
1 part
8 untsi / 225 g kooritud kastaneid
225 g / 8 untsi kuubikuteks lõigatud lahja sealiha
3 teed, tükeldatud
1 viil ingverijuurt, tükeldatud
250 ml / 8 fl untsi / 1 tass sojakastet
900 ml / 1½ punkti / 3¾ tassi vett

Leota seeni 30 minutit leiges vees, seejärel nõruta. Visake varred ära ja lõigake pealsed ära. Aseta suurele pannile koos kõigi ülejäänud koostisosadega, lase keema tõusta, kata kaanega ja hauta umbes 1 1/2 tundi, kuni part on küps.

Part kartulitega

4 inimesele

75 ml / 5 spl maapähkliõli (maapähklid)

1 part

3 küüslauguküünt, hakitud

30 ml / 2 spl musta oa kastet

10 ml / 2 tl soola

1,2 l / 2 punkti / 5 tassi vett

2 porrulauku, paksult viilutatud

15 ml / 1 lusikatäis suhkrut

45 ml / 3 spl sojakastet

60 ml / 4 spl riisiveini või kuiva šerrit

1 tähtaniisi nelk

900 g / 2 naela kartulit, paksult viilutatud

½ pea hiina lehti

15 ml / 1 spl maisijahu (maisitärklis)

30 ml / 2 supilusikatäit vett

lamedate lehtedega peterselli oksi

Kuumuta 60 ml / 4 spl õli ja prae part igast küljest pruuniks. Seo või õmble kaela ots kinni ja aseta part, kael allapoole, sügavasse kaussi. Kuumuta ülejäänud õli ja prae küüslauku, kuni see muutub kergelt kuldseks. Lisa musta oa kaste ja sool ning prae segades 1 minut. Lisa vesi, porrulauk, suhkur, sojakaste, vein või šerri ja tähtaniis ning kuumuta keemiseni. Valage 120 ml / 8 fl untsi / 1 tass segu pardiõõnde ja kinnitage või õmblege kinni. Aja ülejäänud segu pannil keema. Lisa part ja kartulid, kata kaanega ja hauta 40 minutit, parti üks kord keerates. Laota hiina lehed serveerimistaldrikule. Tõsta part pannilt, lõika 5 cm/2 tükkideks ja tõsta koos kartulitega serveerimistaldrikule.

Punane Keedetud Part

4 inimesele

1 part
4 kevadist sibulat (sibulat), lõigatud tükkideks
2 viilu ingverijuurt, lõigatud ribadeks
90 ml / 6 spl sojakastet
45 ml / 3 spl riisiveini või kuiva šerrit
10 ml / 2 tl soola
10 ml / 2 tl suhkrut

Aseta part raskele pannile, kata veega ja kuumuta keemiseni. Lisa murulauk, ingver, vein või šerri ja sool, kata kaanega ja hauta umbes 1 tund. Lisa suhkur ja hauta veel 45 minutit, kuni part on pehme. Tõsta part serveerimistaldrikule ja serveeri soojalt või külmalt, kastmega või ilma.

Röstitud part riisiveiniga

4 inimesele

1 part

500 ml / 14 untsi / 1¾ tassi riisiveini või kuiva šerrit

5 ml/1 tl soola

45 ml / 3 spl sojakastet

Pane part koos šerri ja soolaga raskele pannile, kuumuta keemiseni, kata kaanega ja hauta 20 minutit. Tühjendage part, jättes vedelikku, ja hõõruge see sojakastmega. Asetage restile vähese kuuma veega täidetud pannile ja röstige ahjus, mis on eelsoojendatud temperatuurini 180°C / 350°F / gas mark 4, umbes 1 tund, loputades regulaarselt reserveeritud veinivedelikuga.

Aurutatud part riisiveiniga

4 inimesele

1 part
4 teed (kannid), pooleks lõigatud
1 viil ingverijuurt, tükeldatud
250 ml / 8 fl untsi / 1 tass riisiveini või kuiva šerrit
30 ml / 2 spl sojakastet
näputäis soola

Keeda parti 5 minutit keevas vees ja nõruta. Pane kuumakindlasse kaussi koos ülejäänud koostisosadega. Asetage kauss veega täidetud kastrulisse, kuni see ulatub kahe kolmandikuni kausi servast. Kuumuta keemiseni, kata kaanega ja hauta umbes 2 tundi, kuni part on pehme. Enne serveerimist visake murulauk ja ingver ära.

soolapart

4 inimesele

45 ml / 3 spl maapähkliõli (maapähklid)
4 pardirinda
3 kevadist sibulat (sibulat), viilutatud
2 hakitud küüslauguküünt
1 viil ingverijuurt, tükeldatud
250 ml / 8 fl untsi / 1 tass sojakastet
30 ml / 2 spl riisiveini või kuiva šerrit
30 ml / 2 spl pruuni suhkrut
5 ml/1 tl soola
450 ml / ¾ pt / 2 tassi vett
15 ml / 1 spl maisijahu (maisitärklis)

Kuumuta õli ja prae pardirind kuldseks. Lisa murulauk, küüslauk ja ingver ning prae 2 minutit. Lisa sojakaste, vein või šerri, suhkur ja sool ning sega korralikult läbi. Lisa vesi, lase keema tõusta, kata kaanega ja hauta umbes 1 1/2 tundi, kuni liha on väga pehme. Maisijahu segatakse vähese veega, seejärel segatakse pannile ja hautatakse segades, kuni kaste pakseneb.

Soolapart roheliste ubadega

4 inimesele

45 ml / 3 spl maapähkliõli (maapähklid)

4 pardirinda

3 kevadist sibulat (sibulat), viilutatud

2 hakitud küüslauguküünt

1 viil ingverijuurt, tükeldatud

250 ml / 8 fl untsi / 1 tass sojakastet

30 ml / 2 spl riisiveini või kuiva šerrit

30 ml / 2 spl pruuni suhkrut

5 ml/1 tl soola

450 ml / ¾ pt / 2 tassi vett

225 g / 8 untsi rohelisi ube

15 ml / 1 spl maisijahu (maisitärklis)

Kuumuta õli ja prae pardirind kuldseks. Lisa murulauk, küüslauk ja ingver ning prae 2 minutit. Lisa sojakaste, vein või šerri, suhkur ja sool ning sega korralikult läbi. Lisa vesi, kuumuta keemiseni, kata kaanega ja hauta umbes 45 minutit. Lisa oad, kata kaanega ja hauta veel 20 minutit. Maisijahu segatakse vähese veega, seejärel segatakse pannile ja hautatakse segades, kuni kaste pakseneb.

aeglaselt keedetud part

4 inimesele

1 part

50 g / 2 untsi / ½ tassi maisijahu (maisitärklis)

praeõli

2 hakitud küüslauguküünt

30 ml / 2 spl riisiveini või kuiva šerrit

30 ml / 2 spl sojakastet

5 ml / 1 tl riivitud ingverijuurt

750 ml / 1¼ punkti / 3 tassi kanapuljongit

4 kuivatatud hiina seeni

225 g / 8 untsi bambusevõrseid, viilutatud

225 g / 8 untsi vesikastaneid, viilutatud

10 ml / 2 tl suhkrut

pipra pulber

5 kevadist sibulat (sibulat), viilutatud

Lõika part väikesteks tükkideks. Jätke 30 ml / 2 spl maisijahu ja katke part ülejäänud maisijahuga. Puhastage liigne tolm. Kuumuta õli ning prae küüslauk ja part kergelt kuldseks. Tõsta pannilt ja nõruta köögipaberil. Aseta part suurele pannile. Sega juurde vein või šerri, 15 ml/1 spl sojakastet ja ingverit. Lisa pannile ja küpseta kõrgel kuumusel 2 minutit. Lisa pool puljongist, lase keema tõusta, kata kaanega ja hauta umbes 1 tund, kuni part on pehme.

Leota seeni 30 minutit soojas vees, seejärel kurna. Visake varred ära ja lõigake pealsed ära. Lisa pardile seened, bambusevõrsed ja vesikastanid ning küpseta sageli segades 5 minutit. Eemaldage rasv vedelikust. Sega ülejäänud puljong, maisijahu ja sojakaste suhkru ja pipraga ning sega pannile. Kuumuta segades keemiseni, seejärel keeda umbes 5 minutit, kuni kaste pakseneb. Tõsta kuuma serveerimiskaussi ja serveeri murulauguga kaunistatud.

Pardi naine

4 inimesele

1 munavalge, kergelt vahustatud

20 ml / 1½ sl maisijahu (maisitärklis)

soola

450 g / 1 nael pardirind, õhukeselt viilutatud

45 ml / 3 spl maapähkliõli (maapähklid)

2 talisibulat (sibulat), lõigatud ribadeks

1 ribadeks lõigatud roheline paprika

5 ml / 1 tl riisiveini või kuiva šerrit

75 ml / 5 spl kanapuljongit

2,5 ml / ½ tl suhkrut

Vahusta munavalged 15 ml/1 spl maisitärklise ja näpuotsatäie soolaga. Lisa viilutatud part ja sega, kuni part on kaetud. Kuumuta õli ja prae part hästi küpseks ja kuldseks. Eemaldage part pannilt ja tühjendage õli peale 30 ml / 2 spl. Lisa kevadine sibul ja paprika ning prae 3 minutit. Lisa vein või šerri, puljong ja suhkur ning kuumuta keemiseni. Sega ülejäänud maisijahu vähese veega, sega kastmesse ja keeda segades, kuni kaste pakseneb. Lisa part, kuumuta ja serveeri.

part bataadiga

4 inimesele

1 part

250 ml / 8 fl untsi / 1 tass maapähkliõli (maapähklid)
225 g maguskartulit, kooritud ja kuubikuteks lõigatud
2 hakitud küüslauguküünt
1 viil ingverijuurt, tükeldatud
2,5 ml / ½ tl kaneeli
2,5 ml / ½ tl jahvatatud nelki
näputäis jahvatatud aniisi
5 ml/1 tl suhkrut
15 ml/1 spl sojakastet
250 ml / 8 fl untsi / 1 tass kanapuljongit
15 ml / 1 spl maisijahu (maisitärklis)
30 ml / 2 supilusikatäit vett

Lõika part 5 cm / 2 tükiks Kuumuta õli ja prae kartulid pruuniks. Eemaldage pannilt ja tühjendage kõik peale 30 ml / 2 spl õli. Lisa küüslauk ja ingver ning prae 30 sekundit. Lisa part ja prae igast küljest kergelt kuldseks. Lisa vürtsid, suhkur, sojakaste ja puljong ning kuumuta keemiseni. Lisa kartulid, kata kaanega ja hauta umbes 20 minutit, kuni part on pehme. Sega maisijahu veega pastaks, seejärel sega pannil ja küpseta segades, kuni kaste pakseneb.

magushapu part

4 inimesele

1 part

1,2 l / 2 punkti / 5 tassi kanapuljongit

2 sibulat

2 porgandit

2 küüslauguküünt, lõigatud viiludeks

15 ml / 1 spl marineerimisvürtse

10 ml / 2 tl soola

10 ml / 2 tl maapähkliõli

6 sibulat (sibulat), hakitud

1 mango, kooritud ja kuubikuteks lõigatud

12 litši, pooleks lõigatud

15 ml / 1 spl maisijahu (maisitärklis)

15 ml/1 spl veiniäädikat

10 ml / 2 tl tomatipüreed (pasta)

15 ml/1 spl sojakastet

5 ml / 1 tl viie vürtsi pulbrit

300 ml / ½ pt / 1¼ tassi kanasuppi

Asetage part aurutisse pannile, mis sisaldab puljongit, sibulat, porgandit, küüslauku, hapukurki ja soola. Katke ja aurutage 2 1/2 tundi. Part jahutatakse, kaetakse kaanega ja jäetakse 6 tunniks külma. Eemalda liha kontidelt ja lõika kuubikuteks. Kuumuta õli ning prae part ja murulauk krõbedaks. Lisa ülejäänud ained, lase keema tõusta ja keeda segades 2 minutit, kuni kaste pakseneb.

mandariinipart

4 inimesele

1 part

60 ml / 4 spl maapähkliõli

1 tükk kuivatatud mandariini koort

900 ml / 1½ punkti / 3¾ tassi kanapuljongit

5 ml/1 tl soola

Riputage part 2 tunniks kuivama. Kuumuta pool õlist ja prae parti, kuni see muutub kergelt kuldseks. Tõsta suurde kuumakindlasse kaussi. Kuumuta ülejäänud õli ja prae mandariinikoort 2 minutit ning aseta siis pardi sisse. Vala pardile puljong ja maitsesta soolaga. Tõsta roog aurutisse restile, kata kaanega ja auruta umbes 2 tundi, kuni part on pehme.

Part köögiviljadega

4 inimesele

1 suur part, hakitud 16 tükiks

soola

300 ml / ½ pt / 1¼ tassi vett

300 ml / ½ pt / 1¼ tassi kuiva valget veini

120 ml / 4 fl untsi / ½ tassi veiniäädikat

45 ml / 3 spl sojakastet

30 ml / 2 spl ploomikastet

30 ml / 2 spl hoisin kastet

5 ml / 1 tl viie vürtsi pulbrit

6 sibulat (sibulat), hakitud

2 hakitud porgandit

5 cm / 2 hakitud valget redist

50g / 2oz bok choy, kuubikuteks lõigatud

värskelt jahvatatud pipar

5 ml/1 tl suhkrut

Aseta parditükid kaussi, puista peale soola ning lisa vesi ja vein. Lisa veiniäädikas, sojakaste, ploomikaste, hoisin-kaste ja viie vürtsi pulber, kuumuta keemiseni, kata kaanega ja hauta umbes 1 tund. Lisa pannile köögiviljad, eemalda kaas ja küpseta veel 10 minutit. Maitsesta soola, pipra ja suhkruga ning lase jahtuda. Kata ja pane üleöö külmkappi. Lõika rasv ära, seejärel kuumuta parti kastmes 20 minutit.

Praetud part köögiviljadega

4 inimesele

4 kuivatatud hiina seeni
1 part
10 ml / 2 tl maisijahu (maisitärklis)
15 ml/1 spl sojakastet
45 ml / 3 spl maapähkliõli (maapähklid)
100 g / 4 untsi ribadeks lõigatud bambusevõrseid
50g / 2oz vesikastanit, ribadeks lõigatud
120 ml / 4 fl untsi / ½ tassi kanapuljongit
15 ml / 1 spl riisiveini või kuiva šerrit
5 ml/1 tl soola

Leota seeni 30 minutit leiges vees, seejärel nõruta. Visake varred ära ja lõigake pealsed ära. Eemaldage liha luudest ja lõigake tükkideks. Sega omavahel maisijahu ja sojakaste, lisa pardilihale ja lase 1 tund puhata. Kuumuta õli ja prae part igast küljest kergelt kuldseks. Eemalda pannilt. Lisa pannile seened, bambusevõrsed ja vesikastanid ning küpseta 3 minutit. Lisa puljong, vein või šerri ja sool, kuumuta keemiseni ja hauta 3 minutit. Tõsta part tagasi pannile, kata ja küpseta veel 10 minutit, kuni part on pehme.

Keedetud valge part

4 inimesele

1 viil ingverijuurt, tükeldatud
250 ml / 8 fl untsi / 1 tass riisiveini või kuiva šerrit
soola ja värskelt jahvatatud pipart
1 part
3 teed, tükeldatud
5 ml/1 tl soola
100 g / 4 untsi bambusevõrseid, viilutatud
100g / 4oz suitsusink, viilutatud

Sega juurde ingver, 15ml/1spl veini või šerrit, veidi soola ja pipart. Hõõru part ja lase seista 1 tund. Aseta lind marinaadiga tugevapõhjalisele pannile ning lisa sibul ja sool. Lisa nii palju külma vett, et part oleks kaetud, lase keema tõusta, kata kaanega ja hauta umbes 2 tundi, kuni part on pehme. Lisa bambusevõrsed ja sink ning hauta veel 10 minutit.

part veiniga

4 inimesele

1 part
15 ml/1 spl kollase oa kastet
1 viilutatud sibul
1 pudel kuiva valget veini

Pintselda part seest ja väljast kollase oa kastmega. Asetage sibul süvendisse. Aja vein suures kastrulis keema, lisa part, keeda tagasi, kata kaanega ja hauta umbes 3 tundi, kuni part on pehme. Nõruta ja lõika serveerimiseks viiludeks.

Aurutatud munad kalaga

4 inimesele

8 untsi / 225 g merikeelefileed, ribadeks lõigatud
30 ml / 2 spl maisijahu (maisitärklis)
½ väikest rohelist paprikat, peeneks hakitud
1 talisibul (sibul), peeneks hakitud
30 ml / 2 spl maapähkliõli
120 ml / 4 fl untsi / ½ tassi kanapuljongit
3 muna, kergelt lahtiklopitud
näputäis soola

Tolmutage kalaribad kergelt maisijahu sisse, seejärel raputage üleliigne maha. Asetage need madalasse pajavormi. Nirista peale paprika, talisibul ja õli. Kuumuta kanapuljong, sega munadega ja maitsesta soolaga, seejärel vala segu kalale. Tõsta roog auruahju restile, kata kaanega ja auruta umbes 40 minutit keeva vee kohal, kuni kala on küpsenud ja munad hangunud.

Aurutatud munad singi ja kalaga

4 kuni 6 portsjoni jaoks

6 muna, eraldatud

225 g / 8 untsi hakitud turska (hakkliha)

375 ml / 13 fl untsi / 1½ tassi sooja vett

näputäis soola

50g / 2oz suitsusinki, tükeldatud

15 ml / 1 spl maapähkliõli

lamedate lehtedega peterselli oksi

Sega munavalge kala, poole vee ja vähese soolaga ning vala segu madalasse tulekindlasse nõusse. Sega munakollased ülejäänud vee, singi ja vähese soolaga ning vala munavalgesegule. Tõsta roog aurutisse restile, kata kaanega ja auruta keeva vee kohal umbes 20 minutit, kuni munad on hangunud. Kuumuta õli aurutamiseni, vala munadele ja serveeri peterselliga kaunistatult.

Aurutatud munad sealihaga

4 inimesele

45 ml / 3 spl maapähkliõli (maapähklid)

225 g / 8 untsi lahja sealiha, hakkliha (jahvatatud)

100 g / 4 untsi vesikastanit, hakitud (jahvatatud)

1 sibul (sibul), hakitud

30 ml / 2 spl sojakastet

5 ml/1 tl soola

120 ml / 4 fl untsi / ½ tassi kanapuljongit

4 muna, kergelt lahtiklopitud

Kuumuta õli ning prae sealiha, vesikastanid ja murulauk heledaks. Lisage sojakaste ja sool, seejärel tühjendage liigne õli ja valage madalale ahjuplaadile. Kuumuta puljong, sega munadega ja vala lihasegule. Tõsta roog aurutisse restile, kata kaanega ja auruta keeva vee kohal umbes 30 minutit, kuni munad on hangunud.

praetud sealiha munad

4 inimesele

100 g / 4 untsi seahakkliha (jahvatatud)
2 hakitud teed.
15 ml / 1 spl maisijahu (maisitärklis)
15 ml / 1 spl riisiveini või kuiva šerrit
15 ml/1 spl sojakastet
2,5 ml / ½ tl soola
4 kõvaks keedetud (keedetud) muna.
praeõli
½ pea salatit, tükeldatud

Kombineeri sealiha, roheline tee, maisitärklis, vein või šerri, sojakaste ja sool. Vormi ümber munad, et need täielikult kataks. Kuumuta õli ja prae mune, kuni kate on kuldpruun ja küpsenud. Eemalda ja nõruta hästi ning serveeri seejärel rohelise salati peenral.

Praetud munad sojakastmega

4 inimesele

45 ml / 3 spl maapähkliõli (maapähklid)

4 muna

15 ml/1 spl sojakastet

¼ hakitud rohelist salatit

Kuumuta õli väga kuumaks ja löö pannile lahti munad. Küpseta, kuni põhi on kergelt pruunistunud, piserda ohtralt sojakastet ja keera munakollast purustamata. Prae veel 1 minut. Laota salat serveerimisvaagnale ja tõsta serveerimiseks üle munadega.

poolkuu munad

4 inimesele

45 ml / 3 spl maapähkliõli (maapähklid)
4 muna
soola ja värskelt jahvatatud pipart
15 ml/1 spl sojakastet
15 ml / 1 spl hakitud värsket lehtpeterselli

Kuumuta õli väga kuumaks ja löö pannile lahti munad. Küpseta, kuni põhi on kergelt pruunistunud, seejärel puista peale soola, pipart ja sojakastet. Voldi muna pooleks ja vajuta õrnalt, et see koos püsiks. Küpseta veel 2 minutit, kuni see on mõlemalt poolt pruunistunud, seejärel serveeri peterselliga üle puistatud.

Praetud munad köögiviljadega

4 inimesele

4 kuivatatud hiina seeni

30 ml / 2 spl maapähkliõli

2,5 ml / ½ tl soola

3 teed, tükeldatud

50 g / 2 untsi bambusevõrseid, viilutatud

50g / 2oz vesikastaneid, viilutatud

90 ml / 6 spl kanapuljongit

10 ml / 2 tl maisijahu (maisitärklis)

15 ml/1 supilusikatäis vett

5 ml/1 tl suhkrut

praeõli

4 muna

¼ hakitud rohelist salatit

Leota seeni 30 minutit leiges vees, seejärel nõruta. Visake varred ära ja lõigake pealsed ära. Kuumuta õli ja sool ning prae sibulaid 30 sekundit. Lisa bambusevõrsed ja vesikastanid ning prae 2 minutit. Lisa puljong, lase keema tõusta, kata ja hauta 2 minutit. Sega maisijahu ja vesi pastaks ning sega pannile koos suhkruga. Keeda tasasel tulel segades, kuni kaste pakseneb.

Vahepeal kuumuta õli ja prae mune paar minutit, kuni ääred hakkavad pruunistuma. Laota salat serveerimistaldrikule, raputa peale munad ja vala üle kuuma kastmega.

Hiina omlett

4 inimesele

4 muna

soola ja värskelt jahvatatud pipart

30 ml / 2 spl maapähkliõli

Klopi munad kergelt lahti ning maitsesta soola ja pipraga. Kuumuta õli ja seejärel vala munad pannile ning kalluta panni nii, et muna kataks pinna. Tõstke tortilla servad üles, kui munad kõvenevad, et toores muna saaks alla joosta. Küpseta kuni valmis, siis murra pooleks ja serveeri korraga.

Hiina omlett oa võrsetega

4 inimesele

100 g / 4 untsi ubad

4 muna

soola ja värskelt jahvatatud pipart

30 ml / 2 spl maapähkliõli

½ väikest rohelist paprikat, tükeldatud

2 teed, tükeldatud

Blanšeeri oadud 2 minutit keevas vees ja nõruta hästi. Klopi munad kergelt lahti ning maitsesta soola ja pipraga. Kuumuta õli ning prae pipart ja murulauku 1 minut. Lisa oad ja sega, kuni need on õliga kaetud. Valage munad pannile ja kallutage panni nii, et muna kataks pinna. Tõstke tortilla servad üles, kui munad kõvenevad, et toores muna saaks alla joosta. Küpseta kuni valmis, siis murra pooleks ja serveeri korraga.

Lillkapsa omlett

4 inimesele

1 lillkapsas, tükelda õisikud

225 g / 8 untsi kana, hakitud (jahvatatud)

5 ml/1 tl soola

3 munavalget, kergelt vahustatud

2,5 ml / ½ tl sellerisoola

45 ml / 3 spl kanapuljongit

45 ml / 3 spl maapähkliõli (maapähklid)

Blanšeeri lillkapsa õisikuid 10 minutit keevas vees, seejärel nõruta hästi. Sega kana, sool, munavalged, sellerisool ja puljong. Vahusta elektrimikseriga, kuni segu moodustab pehmed tipud. Kuumuta õli, lisa kanasegu ja prae umbes 2 minutit. Lisa lillkapsas ja prae veel 2 minutit enne serveerimist.

Krabiomlett pruuni kastmega

4 inimesele

15 ml / 1 spl maapähkliõli

4 lahtiklopitud muna

2,5 ml / ½ tl soola

200 g / 7 untsi krabiliha, helbed

175 ml / 6 fl untsi / ¾ tassi kanapuljongit

15 ml/1 spl sojakastet

10 ml / 2 tl maisijahu (maisitärklis)

45 ml / 3 spl keedetud herneid

Kuumuta õli. Klopi lahti munad ja sool ning lisa krabiliha. Vala pannile ja küpseta, tõstes munade hangumise ajal tortilla servi üles, et toores muna saaks alla joosta. Küpseta kuni valmis, seejärel voldi pooleks ja tõsta kuumale serveerimistaldrikule. Samal ajal kuumuta puljong koos sojakastme ja maisitärklisega, sega, kuni segu keeb ja pakseneb. Keeda 2 minutit, seejärel lisa herned. Vala tortilladele vahetult enne serveerimist.

Omlett singi ja veega kastanitega

2 portsjonit

30 ml / 2 spl maapähkliõli

1 hakitud sibul

1 purustatud küüslauguküüs

50 g / 2 untsi hakitud sinki

50g / 2oz vesikastanit, hakitud

15 ml/1 spl sojakastet

50 g / 2 untsi cheddari juustu

3 lahtiklopitud muna

Kuumuta pool õlist ning prae sibul, küüslauk, sink, vesikastanid ja sojakaste kergelt kuldseks. Eemaldage need pannilt. Kuumuta järelejäänud õli, lisa munad ja tõmmake muna keskkoha poole, kui see hakkab kõvaks muutuma, et toores muna saaks alla joosta. Kui muna on hangunud, aseta singisegu ühele poolele tortillast, kata juustuga ja keera peale teine pool tortillast. Kata kaanega ja küpseta 2 minutit, seejärel keera ümber ja küpseta veel 2 minutit, kuni see on kuldne.

Homaari omlett

4 inimesele

4 muna

soola ja värskelt jahvatatud pipart

30 ml / 2 spl maapähkliõli

3 teed, tükeldatud

100 g / 4 untsi homaari liha, hakitud

Klopi munad kergelt lahti ning maitsesta soola ja pipraga. Kuumuta õli ja prae talisibulat 1 minut. Lisa homaar ja sega, kuni see on õliga kaetud. Valage munad pannile ja kallutage panni nii, et muna kataks pinna. Tõstke tortilla servad üles, kui munad kõvenevad, et toores muna saaks alla joosta. Küpseta kuni valmis, siis murra pooleks ja serveeri korraga.

omlett austritega

4 inimesele

4 muna

120 ml / 4 fl untsi / ½ tassi piima

12 tükeldatud austrit

3 teed, tükeldatud

soola ja värskelt jahvatatud pipart

30 ml / 2 spl maapähkliõli

50g / 2oz lahja sealiha, tükeldatud

50 g / 2 untsi seeni, viilutatud

50 g / 2 untsi bambusevõrseid, viilutatud

Klopi munad kergelt lahti piima, austrite, murulaugu, soola ja pipraga. Kuumuta õli ja prae sealiha kergelt kuldseks. Lisa seened ja bambusevõrsed ning prae 2 minutit. Vala munasegu pannile ja küpseta, tõstes munade tardudes tortilla servi üles, et toores muna saaks alla joosta. Küpseta kuni valmis, siis murra pooleks, keera tortilla ümber ja küpseta, kuni see on teiselt poolt kergelt pruunistunud. Serveeri korraga.

Krevettide omlett

4 inimesele

4 muna

15 ml / 1 spl riisiveini või kuiva šerrit

soola ja värskelt jahvatatud pipart

30 ml / 2 spl maapähkliõli

1 viil ingverijuurt, tükeldatud

225 g / 8 untsi kooritud krevette

Klopi munad kergelt lahti veini või šerriga ning maitsesta soola ja pipraga. Kuumuta õli ja prae ingverit, kuni see muutub kergelt kuldseks. Lisa krevetid ja sega, kuni need on õliga kaetud. Valage munad pannile ja kallutage panni nii, et muna kataks pinna. Tõstke tortilla servad üles, kui munad kõvenevad, et toores muna saaks alla joosta. Küpseta kuni valmis, siis murra pooleks ja serveeri korraga.

Omlett karpidega

4 inimesele

4 muna
5 ml/1 tl sojakastet
soola ja värskelt jahvatatud pipart
30 ml / 2 spl maapähkliõli
3 teed, tükeldatud
225 g / 8 untsi kammkarpe, poolitatud

Klopi munad kergelt sojakastmega lahti ning maitsesta soola ja pipraga. Kuumuta õli ja prae sibulat, kuni see muutub kergelt kuldseks. Lisa kammkarbid ja prae 3 minutit. Valage munad pannile ja kallutage panni nii, et muna kataks pinna. Tõstke tortilla servad üles, kui munad kõvenevad, et toores muna saaks alla joosta. Küpseta kuni valmis, siis murra pooleks ja serveeri korraga.

Tofu omlett

4 inimesele

4 muna

soola ja värskelt jahvatatud pipart

30 ml / 2 spl maapähkliõli

225 g / 8 untsi tofut, purustatud

Klopi munad kergelt lahti ning maitsesta soola ja pipraga. Kuumuta õli, seejärel lisa tofu ja prae kuumaks. Valage munad pannile ja kallutage panni nii, et muna kataks pinna. Tõstke tortilla servad üles, kui munad kõvenevad, et toores muna saaks alla joosta. Küpseta kuni valmis, siis murra pooleks ja serveeri korraga.

Täidisega sealiha tortilla

4 inimesele

50 g / 2 untsi oa idandeid
60 ml / 4 spl maapähkliõli
225 g / 8 untsi kuubikuteks lõigatud lahja sealiha
3 teed, tükeldatud
1 tükeldatud selleri vars
15 ml/1 spl sojakastet
5 ml/1 tl suhkrut
4 muna, kergelt lahtiklopitud
soola

Blanšeeri oadud 3 minutit keevas vees, seejärel nõruta hästi. Kuumuta pool õlist ja prae sealiha kergelt kuldseks. Lisa murulauk ja seller ning prae 1 minut. Lisa sojakaste ja suhkur ning prae 2 minutit. Eemalda pannilt. Maitsesta lahtiklopitud munad soolaga. Kuumuta ülejäänud õli ja vala munad pannile, kalluta panni nii, et muna kataks pinna. Tõstke tortilla servad üles, kui munad kõvenevad, et toores muna saaks alla joosta. Aseta täidis ühele poole tortillale ja voldi pooleks. Küpseta kuni valmis ja serveeri siis kohe.

Krevettide täidisega omlett

4 inimesele

30 ml / 2 spl maapähkliõli

2 hakitud sellerivart

2 teed, tükeldatud

225 g / 8 untsi kooritud krevette, poolitatud

4 muna, kergelt lahtiklopitud

soola

Kuumuta pool õlist ning prae sellerit ja sibulat, kuni need muutuvad kergelt kuldseks. Lisa krevetid ja prae, kuni need on väga kuumad. Eemalda pannilt. Maitsesta lahtiklopitud munad soolaga. Kuumuta ülejäänud õli ja vala munad pannile, kalluta panni nii, et muna kataks pinna. Tõstke tortilla servad üles, kui munad kõvenevad, et toores muna saaks alla joosta. Aseta täidis ühele poole tortillale ja voldi pooleks. Küpseta kuni valmis ja serveeri siis kohe.

Aurutatud tortillarullid kanatäidisega

4 inimesele

4 muna, kergelt lahtiklopitud

soola

15 ml / 1 spl maapähkliõli

100 g / 4 untsi keedetud kana, tükeldatud

2 viilu ingverijuurt, tükeldatud

1 hakitud sibul

120 ml / 4 fl untsi / ½ tassi kanapuljongit

15 ml / 1 spl riisiveini või kuiva šerrit

Klopi lahti munad ja maitsesta soolaga. Kuumuta veidi õli ja vala sisse veerand munadest, kallutades, et segu pannile laiali valguks. Prae ühelt poolt kergelt pruuniks ja lase puhata, seejärel kummuta taldrikule. Küpseta ülejäänud 4 tortillat. Sega hulka kana, ingver ja sibul. Jaga segu tortillade vahel ühtlaselt, keera rulli, kinnita kokteilipulkadega ja aseta rullid madalasse ahjuvormi. Tõsta restile aurutisse, kata kinni ja auruta 15 minutit. Tõsta kuumale serveerimistaldrikule ja lõika paksudeks viiludeks. Samal ajal kuumuta puljong ja šerri ning maitsesta soolaga. Vala tortilladele ja serveeri.

austripannkoogid

4 kuni 6 portsjoni jaoks

12 austrit

4 muna, kergelt lahtiklopitud

3 kevadist sibulat (sibulat), viilutatud

soola ja värskelt jahvatatud pipart

6 ml / 4 spl tavalist jahu (universaalne)

2,5 ml / ½ tl küpsetuspulbrit

45 ml / 3 spl maapähkliõli (maapähklid)

Eemaldage austrid, jättes alles 60 ml / 4 spl likööri, ja tükeldage jämedalt. Sega munad austrite, murulaugu, soola ja pipraga. Sega omavahel jahu ja küpsetuspulber, sega, kuni saad austrivedelikuga pasta, seejärel sega segu munadega. Kuumuta veidi õli ja prae lusikatäied taignast väikeste pannkookide tegemiseks. Küpseta mõlemalt poolt kergelt pruuniks, seejärel lisa pannile veidi õli ja jätka kuni kogu segu on kasutatud.

krevettide pannkoogid

4 inimesele

50 g / 4 untsi kooritud krevette, kuubikuteks

4 muna, kergelt lahtiklopitud

75 g / 3 untsi / ½ tassi tavalist jahu (universaalne)

soola ja värskelt jahvatatud pipart

120 ml / 4 fl untsi / ½ tassi kanapuljongit

2 teed, tükeldatud

30 ml / 2 spl maapähkliõli

Sega kõik koostisosad, välja arvatud õli. Kuumutage veidi õli, valage veerand taignast, kallutage panni, et see leviks põhjale. Küpseta, kuni põhi on kergelt pruunistunud, seejärel keera ja pruunista teine pool. Eemaldage pannilt ja jätkake ülejäänud pannkookide küpsetamist.

Hiina munapuder

4 inimesele

4 lahtiklopitud muna

2 teed, tükeldatud

näputäis soola

5 ml / 1 tl sojakastet (valikuline)

30 ml / 2 spl maapähkliõli

Klopi munad murulaugu, soola ja sojakastmega lahti, kui kasutad. Kuumuta õli ja vala seejärel munasegusse. Sega õrnalt kahvliga, kuni munad on hangunud. Serveeri korraga.

Munapuder kalaga

4 inimesele

225 g / 8 untsi kalafileed
30 ml / 2 spl maapähkliõli
1 viil ingverijuurt, tükeldatud
2 teed, tükeldatud
4 muna, kergelt lahtiklopitud
soola ja värskelt jahvatatud pipart

Tõsta kala ahjukindlasse anumasse ja tõsta auruahju restile. Kata kaanega ja auruta umbes 20 minutit, seejärel eemalda nahk ja tükelda viljaliha. Kuumuta õli ning prae ingverit ja talisibulat kergelt pruunikaks. Lisa kala ja sega, kuni see on õliga kaetud. Maitsesta munad soola ja pipraga, seejärel vala pannile ja sega kahvliga õrnalt, kuni munad on tardunud. Serveeri korraga.

Munapuder seentega

4 inimesele

30 ml / 2 spl maapähkliõli

4 lahtiklopitud muna

3 teed, tükeldatud

näputäis soola

5 ml/1 tl sojakastet

100 g / 4 untsi seeni, jämedalt hakitud

Kuumuta pool õlist ja prae seeni mõni minut kuumaks, seejärel eemalda pannilt. Klopi munad lahti sibula, soola ja sojakastmega. Kuumuta ülejäänud õli ja vala seejärel munasegusse. Segage õrnalt kahvliga, kuni munad hakkavad hanguma, seejärel pange seened tagasi pannile ja küpseta, kuni munad on hangunud. Serveeri korraga.

Munakuder austrikastmega

4 inimesele

4 lahtiklopitud muna
3 teed, tükeldatud
soola ja värskelt jahvatatud pipart
5 ml/1 tl sojakastet
30 ml / 2 spl maapähkliõli
15 ml/1 spl austrikastet
100 g / 4 untsi keedetud sinki, hakitud
2 oksa lamedat peterselli

Klopi munad murulaugu, soola, pipra ja sojakastmega lahti. Lisa pool õlist. Kuumuta ülejäänud õli ja vala seejärel munasegusse. Segage õrnalt kahvliga, kuni munad hakkavad tarduma, seejärel lisage austrikaste ja küpseta, kuni munad on hangunud. Neid serveeritakse singi ja peterselliga kaunistatud.

Munakuder sealihaga

4 inimesele

225g / 8oz lahja sealiha, viilutatud

30 ml / 2 spl sojakastet

30 ml / 2 spl maapähkliõli

2 teed, tükeldatud

4 lahtiklopitud muna

näputäis soola

5 ml/1 tl sojakastet

Sega sealiha ja sojakaste nii, et sealiha oleks hästi kaetud. Kuumuta õli ja prae sealiha kergelt kuldseks. Lisa murulauk ja prae 1 minut. Klopi munad kevadiste sibulate, soola ja sojakastmega lahti, seejärel vala munasegu pannile. Sega õrnalt kahvliga, kuni munad on hangunud. Serveeri korraga.

Munapuder sealiha ja krevettidega

4 inimesele

100 g / 4 untsi seahakkliha (jahvatatud)
225 g / 8 untsi kooritud krevette
2 teed, tükeldatud
1 viil ingverijuurt, tükeldatud
5 ml / 1 tl maisijahu (maisitärklis)
15 ml / 1 spl riisiveini või kuiva šerrit
15 ml/1 spl sojakastet
soola ja värskelt jahvatatud pipart
45 ml / 3 spl maapähkliõli (maapähklid)
4 muna, kergelt lahtiklopitud

Sega hulka sealiha, krevetid, talisibul, ingver, maisitärklis, vein või šerri, sojakaste, sool ja pipar. Kuumuta õli ja prae sealihasegu kergelt pruunikaks. Vala hulka munad ja sega ettevaatlikult kahvliga, kuni munad on hangunud. Serveeri korraga.

Munakuder spinatiga

4 inimesele

45 ml / 3 spl maapähkliõli (maapähklid)
225 g / 8 untsi spinatit
4 lahtiklopitud muna
2 teed, tükeldatud
näputäis soola

Kuumuta pool õlist ja prae spinatit paar minutit, kuni see on erkroheline, kuid mitte närbunud. Eemaldage see pannilt ja tükeldage see peeneks. Klopi munad murulaugu, soola ja sojakastmega lahti, kui kasutad. Lisa spinat. Kuumuta õli ja vala seejärel munasegusse. Sega õrnalt kahvliga, kuni munad on hangunud. Serveeri korraga.

Munakuder murulauguga

4 inimesele

4 lahtiklopitud muna
8 kevadist sibulat (sibulat), hakitud
soola ja värskelt jahvatatud pipart
5 ml/1 tl sojakastet
30 ml / 2 spl maapähkliõli

Klopi munad murulaugu, soola, pipra ja sojakastmega lahti. Kuumuta õli ja vala seejärel munasegusse. Sega õrnalt kahvliga, kuni munad on hangunud. Serveeri korraga.

Munapuder tomatitega

4 inimesele

4 lahtiklopitud muna

2 teed, tükeldatud

näputäis soola

30 ml / 2 spl maapähkliõli

3 tomatit, kooritud ja tükeldatud

Klopi munad sibula ja soolaga lahti. Kuumuta õli ja vala seejärel munasegusse. Segage õrnalt, kuni munad hakkavad tarduma, seejärel segage tomatid ja jätkake keetmist segades, kuni need on hangunud. Serveeri korraga.

Köögiviljadega munapuder

4 inimesele

30 ml / 2 spl maapähkliõli
5 ml/1 tl seesamiõli
1 kuubikuteks lõigatud roheline paprika
1 hakitud küüslauguküüs
4 untsi / 100 g lumeherneid, poolitatud
4 lahtiklopitud muna
2 teed, tükeldatud
näputäis soola
5 ml/1 tl sojakastet

Kuumuta pool maapähkliõlist koos seesamiõliga ning prae pipar ja küüslauk kergelt kuldseks. Lisa lumeherned ja prae 1 minut. Klopi munad kevadise sibula, soola ja sojakastmega lahti, seejärel vala segu pannile. Sega õrnalt kahvliga, kuni munad on hangunud. Serveeri korraga.

kana suflee

4 inimesele

100 g / 4 untsi hakkliha kanarinda
(põrand)
45 ml / 3 spl kanapuljongit
2,5 ml / ½ tl soola
4 munavalget
75 ml / 5 spl maapähkliõli (maapähklid)

Sega hästi kana, puljong ja sool. Vahusta munavalged tugevaks vahuks ja lisa segule. Kuumuta õli suitsutamiseni, lisa segu ja sega korralikult läbi, seejärel alanda kuumust ja jätka õrnalt segades küpsetamist, kuni segu on tahke.

krabi pahvid

4 inimesele

4 untsi / 100 g krabiliha, helbed
soola
15 ml / 1 spl maisijahu (maisitärklis)
120 ml / 4 fl untsi / ½ tassi piima
4 munavalget
75 ml / 5 spl maapähkliõli (maapähklid)

Sega hulka krabiliha, sool, maisitärklis ja sega korralikult läbi. Vahusta munavalged tugevaks vahuks, seejärel sega segu hulka. Kuumuta õli suitsutamiseni, lisa segu ja sega korralikult läbi, seejärel alanda kuumust ja jätka õrnalt segades küpsetamist, kuni segu on tahke.

Krabi ingveri suflee

4 inimesele

75 ml / 5 spl maapähkliõli (maapähklid)

2 viilu ingverijuurt, tükeldatud

1 sibul (sibul), hakitud

4 untsi / 100 g krabiliha, helbed

soola

15 ml / 1 spl riisiveini või kuiva šerrit

120 ml / 4 jalga untsi / k tassi piima

60 ml / 4 spl kanapuljongit

15 ml / 2 spl maisijahu (maisitärklis)

4 munavalget

5 ml/1 tl seesamiõli

Kuumuta pool õlist ning prae ingver ja sibul pehmeks. Lisa krabiliha ja sool, tõsta tulelt ja lase veidi jahtuda. Segage vein või šerri, piim, puljong ja maisijahu, seejärel segage see krabiliha segusse. Vahusta munavalged tugevaks vahuks, seejärel sega segu hulka. Kuumuta järelejäänud õli suitsutamiseni, lisa segu ja sega korralikult läbi, seejärel alanda kuumust ja jätka õrnalt segades küpsetamist, kuni segu on tahke.

kalapunnid

4 inimesele

3 muna, eraldatud
5 ml/1 tl sojakastet
5 ml/1 tl suhkrut
soola ja värskelt jahvatatud pipart
450 g / 1 kilogramm kalafileed
45 ml / 3 spl maapähkliõli (maapähklid)

Sega munakollased sojakastme, suhkru, soola ja pipraga. Lõika kala suurteks tükkideks. Kastke kala segusse, kuni kala on hästi kaetud. Kuumuta õli ja prae kala, kuni see on põhjas kergelt pruunistunud. Vahepeal vahusta munavalged tugevaks vahuks. Keera kala ümber ja aseta kala peale munavalge. Küpseta 2 minutit, kuni põhi on kergelt pruunistunud, seejärel keera uuesti ja küpseta veel 1 minut, kuni munavalge on tahke ja kuldne. Serveeritakse tomatikastmega.

kreveti suflee

4 inimesele

225 g / 8 untsi kooritud krevette, tükeldatud
1 viil ingverijuurt, tükeldatud
15 ml / 1 spl riisiveini või kuiva šerrit
15 ml/1 spl sojakastet
soola ja värskelt jahvatatud pipart
4 munavalget
45 ml / 3 spl maapähkliõli (maapähklid)

Sega hulka krevetid, ingver, vein või šerri, sojakaste, sool ja pipar. Vahusta munavalged tugevaks vahuks, seejärel sega segu hulka. Kuumuta õli suitsutamiseni, lisa segu ja sega korralikult läbi, seejärel alanda kuumust ja jätka õrnalt segades küpsetamist, kuni segu on tahke.

Oadudsete krevettide suflee

4 inimesele

100 g / 4 untsi ubad

100 g / 4 untsi kooritud krevette, jämedalt hakitud

2 teed, tükeldatud

5 ml / 1 tl maisijahu (maisitärklis)

15 ml / 1 spl riisiveini või kuiva šerrit

120 ml / 4 fl untsi / ½ tassi kanapuljongit

soola

4 munavalget

45 ml / 3 spl maapähkliõli (maapähklid)

Blanšeeri oadud 2 minutit keevas vees, seejärel nõruta ja hoia soojas. Vahepeal sega kokku krevetid, sibul, maisitärklis, vein või šerri ning puljong ja maitsesta soolaga. Vahusta munavalged tugevaks vahuks, seejärel sega segu hulka. Kuumuta õli suitsutamiseni, lisa segu ja sega korralikult läbi, seejärel alanda kuumust ja jätka õrnalt segades küpsetamist, kuni segu on tahke. Tõsta kuumale serveerimistaldrikule ja tõsta peale oad.

köögivilja suflee

4 inimesele

5 muna, eraldatud

3 riivitud kartulit

1 väike sibul, peeneks hakitud

15 ml/1 spl hakitud värsket peterselli

5 ml/1 tl sojakastet

soola ja värskelt jahvatatud pipart

Vahusta munavalged vahuks. Vahusta munakollased kahvatuks ja paksuks, seejärel lisa kartul, sibul, petersell ja sojakaste ning sega korralikult läbi.

Sega hulka munavalged. Valage rasvainega määritud sufleevormi ja küpsetage eelkuumutatud ahjus 180°C/350°F/gaasimärk 4 umbes 40 minutit.

Muna Foo Yung

4 inimesele

4 muna, kergelt lahtiklopitud
soola
100 g / 4 untsi keedetud kana, tükeldatud
1 hakitud sibul
2 hakitud sellerivart
50 g / 2 untsi seeni, tükeldatud
30 ml / 2 spl maapähkliõli
foo yung munakaste

Sega munad, sool, kana, sibul, seller ja seened. Kuumuta veidi õli ja vala pannile veerand segust. Prae, kuni põhi on kergelt pruunistunud, seejärel keera ümber ja pruunista ka teine pool. Serveeri foo yung munakastmega.

Praemuna Foo Yung

4 inimesele

4 muna, kergelt lahtiklopitud

5 ml/1 tl soola

100g / 4oz suitsusink, tükeldatud

100 g tükeldatud seeni

15 ml/1 spl sojakastet

praeõli

Sega munad soola, singi, seente ja sojakastmega. Kuumuta õli ja tilguta ettevaatlikult lusikate kaupa segu õlisse. Küpseta, kuni need kerkivad pinnale, keerake ümber, kuni need on mõlemalt poolt pruunid. Eemaldage õlist ja nõrutage ülejäänud pannkookide küpsetamise ajaks.

Foo Yung Crab seentega

4 inimesele

6 lahtiklopitud muna
45 ml / 3 spl maisijahu (maisitärklis)
100 g / 4 untsi krabiliha
100 g / 4 untsi seeni, tükeldatud
100 g / 4 untsi külmutatud herneid
2 teed, tükeldatud
5 ml/1 tl soola
45 ml / 3 spl maapähkliõli (maapähklid)

Klopi lahti munad ja seejärel lisa koor. Lisa kõik ülejäänud koostisosad peale õli. Kuumuta veidi õli ja vala segu vähehaaval pannile, et tekiks väikesed umbes 7,5 cm laiused pannkoogid. Prae, kuni põhi on kergelt pruunistunud, seejärel keera ümber ja pruunista ka teine pool. Jätkake, kuni olete kogu segu ära kasutanud.

Sink Muna Foo Yung

4 inimesele

60 ml / 4 spl maapähkliõli

50 g / 2 untsi bambusevõrseid, kuubikuteks lõigatud

50g / 2oz vesikastanit, kuubikuteks

2 teed, tükeldatud

2 sellerivart, tükeldatud

50g / 2oz suitsusink, kuubikuteks

15 ml/1 spl sojakastet

2,5 ml / ½ tl suhkrut

2,5 ml / ½ tl soola

4 muna, kergelt lahtiklopitud

Kuumuta pool õlist ning prae bambusevõrseid, vesikastaneid, talisibulat ja sellerit umbes 2 minutit. Lisa sink, sojakaste, suhkur ja sool, eemalda pannilt ja lase veidi jahtuda. Lisa segu lahtiklopitud munadele. Kuumuta veidi järelejäänud õli ja vala segu vähehaaval pannile, et tekiks väikesed umbes 7,5 cm laiused pannkoogid. Prae, kuni põhi on kergelt pruunistunud, seejärel keera ümber ja pruunista ka teine pool. Jätkake, kuni olete kogu segu ära kasutanud.

Praemuna Foo Yung sealiha

4 inimesele

4 kuivatatud hiina seeni
60 ml / 3 spl maapähkliõli
100 g / 4 untsi seapraad, tükeldatud
100 g / 4 untsi bok choy, purustatud
50 g / 2 untsi bambusevõrseid, viilutatud
50g / 2oz vesikastaneid, viilutatud
4 muna, kergelt lahtiklopitud
soola ja värskelt jahvatatud pipart

Leota seeni 30 minutit leiges vees, seejärel nõruta. Visake varred ära ja lõigake pealsed ära. Kuumuta 30 ml / 2 spl õli ja prae seeni, sealiha, kapsast, bambusevõrseid ja vesikastaniid 3 minutit. Tõsta pannilt ja lase veidi jahtuda, seejärel sega munaga ning maitsesta soola ja pipraga. Kuumuta veidi järelejäänud õli ja vala segu vähehaaval pannile, et tekiks väikesed umbes 7,5 cm laiused pannkoogid. Prae, kuni põhi on kergelt pruunistunud, seejärel keera ümber ja pruunista ka teine pool. Jätkake, kuni olete kogu segu ära kasutanud.

Seamuna ja krevetid Foo Yung

4 inimesele

45 ml / 3 spl maapähkliõli (maapähklid)
100 g / 4 untsi lahja sealiha, viilutatud
1 hakitud sibul
8 untsi / 225 g krevette, kooritud, viilutatud
50g / 2oz bok choy, tükeldatud
4 muna, kergelt lahtiklopitud
soola ja värskelt jahvatatud pipart

Kuumuta 30 ml/2 spl õli ning prae sealiha ja sibul kergelt kuldseks. Lisa krevetid ja prae õlis, seejärel lisa kapsas, sega korralikult läbi, kata kaanega ja küpseta 3 minutit. Eemalda pannilt ja lase veidi jahtuda. Lisa lihasegu munadele ning maitsesta soola ja pipraga. Kuumuta veidi järelejäänud õli ja vala segu vähehaaval pannile, et tekiks väikesed umbes 7,5 cm laiused pannkoogid. Prae, kuni põhi on kergelt pruunistunud, seejärel keera ümber ja pruunista ka teine pool. Jätkake, kuni olete kogu segu ära kasutanud.

valge riis

4 inimesele

225 g / 8 untsi / 1 tass pikateralist riisi

15 ml/1 spl õli

750 ml / 1¼ silma / 3 tassi vett

Pese riis ja pane seejärel kastrulisse. Lisage õlile vesi ja seejärel pannile nii, et see oleks umbes tolli võrra riisist kõrgemal. Kuumuta keemiseni, kata tiheda kaanega, alanda kuumust ja hauta 20 minutit.

Keedetud pruun riis

4 inimesele

225 g / 8 untsi / 1 tass pikateralist pruuni riisi

5 ml/1 tl soola

900 ml / 1½ punkti / 3¾ tassi vett

Pese riis ja pane seejärel kastrulisse. Lisa sool ja vesi nii, et see oleks umbes 3 cm riisist kõrgemal. Kuumuta keemiseni, kata tiheda kaanega, alanda kuumust ja hauta 30 minutit, et see ära ei kuivaks.

riis veiselihaga

4 inimesele

225 g / 8 untsi / 1 tass pikateralist riisi
100 g / 4 untsi veisehakkliha (jahvatatud)
1 viil ingverijuurt, tükeldatud
15 ml/1 spl sojakastet
15 ml / 1 spl riisiveini või kuiva šerrit
5 ml/1 tl maapähkliõli
2,5 ml / ½ tl suhkrut
2,5 ml / ½ tl soola

Pane riis suurde kastrulisse ja kuumuta keemiseni. Kata kaanega ja hauta umbes 10 minutit, kuni suurem osa vedelikust on imendunud. Sega ülejäänud ained kokku, aseta riisi peale, kata kaanega ja keeda veel 20 minutit madalal kuumusel küpseks. Sega koostisained enne serveerimist.

Riis kanamaksaga

4 inimesele

225 g / 8 untsi / 1 tass pikateralist riisi

375 ml / 13 fl untsi / 1½ tassi kanapuljongit

soola

2 keedetud kanamaksa, õhukesteks viiludeks

Aseta riis ja puljong suurde kastrulisse ning kuumuta keemiseni. Kata kaanega ja hauta umbes 10 minutit, kuni riis on peaaegu pehme. Eemaldage kaas ja jätkake keetmist, kuni suurem osa puljongist on imendunud. Maitsesta maitse järgi soolaga, lisa kanamaksad ja kuumuta enne serveerimist õrnalt läbi.

Riis kana ja seentega

4 inimesele

225 g / 8 untsi / 1 tass pikateralist riisi
100 g / 4 untsi kana, tükeldatud
100 g / 4 untsi seeni, tükeldatud
5 ml / 1 tl maisijahu (maisitärklis)
5 ml/1 tl sojakastet
5 ml / 1 tl riisiveini või kuiva šerrit
näputäis soola
15 ml / 1 spl hakitud sibulat
15 ml/1 spl austrikastet

Pane riis suurde kastrulisse ja kuumuta keemiseni. Kata kaanega ja hauta umbes 10 minutit, kuni suurem osa vedelikust on imendunud. Sega kõik ülejäänud koostisosad peale rohelise tee ja austrikastme, pane riisi peale, kata kaanega ja keeda veel 20 minutit madalal kuumusel kuni valmimiseni. Sega ained omavahel ning nirista enne serveerimist üle talisibula ja austrikastmega.

Kookose riis

4 inimesele

225 g / 8 untsi / 1 tass Tai maitsestatud riisi
1 l / 1¾ punkti / 4¼ tassi kookospiima
150 ml / ¼ pt / helde ½ tassi kookoskoort
1 oksake hakitud koriandrit
näputäis soola

Aja kõik koostisained potis keema, kata kaanega ja lase riisil aeg-ajalt segades tasasel tulel podiseda umbes 25 minutit.

Riis krabilihaga

4 inimesele

225 g / 8 untsi / 1 tass pikateralist riisi
4 untsi / 100 g krabiliha, helbed
2 viilu ingverijuurt, tükeldatud
15 ml/1 spl sojakastet
15 ml / 1 spl riisiveini või kuiva šerrit
5 ml/1 tl maapähkliõli
5 ml / 1 tl maisijahu (maisitärklis)
soola ja värskelt jahvatatud pipart

Pane riis suurde kastrulisse ja kuumuta keemiseni. Kata kaanega ja hauta umbes 10 minutit, kuni suurem osa vedelikust on imendunud. Sega ülejäänud ained kokku, aseta riisi peale, kata kaanega ja keeda veel 20 minutit madalal kuumusel küpseks. Sega koostisained enne serveerimist.

Riis hernestega

4 inimesele

225 g / 8 untsi / 1 tass pikateralist riisi

350 g / 12 untsi herneid

30 ml / 2 spl sojakastet

Aseta riis ja puljong suurde kastrulisse ning kuumuta keemiseni. Lisa herned, kata kaanega ja hauta umbes 20 minutit, kuni riis on peaaegu pehme. Eemaldage kaas ja jätkake küpsetamist, kuni suurem osa vedelikust on imendunud. Kata kaanega ja jäta tulelt 5 minutiks seisma, seejärel serveeri sojakastmega üle piserdatuna.

Riis pipraga

4 inimesele

225 g / 8 untsi / 1 tass pikateralist riisi
2 teed, tükeldatud
1 kuubikuteks lõigatud punane paprika
45 ml / 3 spl sojakastet
30 ml / 2 spl maapähkliõli
5 ml/1 tl suhkrut

Pane riis kastrulisse, kata külma veega, kuumuta keemiseni, kata ja keeda umbes 20 minutit pehmeks. Nõruta korralikult, seejärel lisa sibul, pipar, sojakaste, õli ja suhkur. Tõsta kuuma serveerimisnõusse ja serveeri kohe.

Riis pošeeritud munaga

4 inimesele

225 g / 8 untsi / 1 tass pikateralist riisi

4 muna

15 ml/1 spl austrikastet

Pane riis pannile, kata külma veega, lase keema tõusta, kata ja keeda umbes 10 minutit pehmeks. Nõruta ja tõsta kuumale serveerimistaldrikule. Samal ajal lase pott vesi keema, löö munad ettevaatlikult lahti ja keeda paar minutit, kuni valged on hangunud, kuid munad on veel niisked. Tõsta lusikaga pannilt välja ja aseta riisi peale. Seda serveeritakse austrikastmega piserdatuna.

Singapuri stiilis riis

4 inimesele

225 g / 8 untsi / 1 tass pikateralist riisi

5 ml/1 tl soola

1,2 l / 2 punkti / 5 tassi vett

Peske riis ja pange seejärel soola ja veega kastrulisse. Kuumuta keemiseni, seejärel alanda kuumust ja hauta umbes 15 minutit, kuni riis on pehme. Kurna kurnis ja loputa enne serveerimist kuuma veega.

Aeglase paadiga riis

4 inimesele

225 g / 8 untsi / 1 tass pikateralist riisi

5 ml/1 tl soola

15 ml/1 spl õli

750 ml / 1¼ silma / 3 tassi vett

Pese riis ja pane see koos soola, õli ja veega tulekindlasse nõusse. Kata kaanega ja küpseta eelkuumutatud ahjus 120°C/250°F/½ gaasimärgi juures umbes 1 tund, kuni kogu vesi on imendunud.

Aurutatud riis

4 inimesele

225 g / 8 untsi / 1 tass pikateralist riisi

5 ml/1 tl soola

450 ml / ¾ pt / 2 tassi vett

Pane riis, sool ja vesi pannile, kata ja küpseta eelkuumutatud ahjus 180°C / 350°F / gaasimärgis 4 umbes 30 minutit.

Praetud riis

4 inimesele

225 g / 8 untsi / 1 tass pikateralist riisi

750 ml / 1¼ silma / 3 tassi vett

30 ml / 2 spl maapähkliõli

1 lahtiklopitud muna

2 hakitud küüslauguküünt

näputäis soola

1 peeneks hakitud sibul

3 teed, tükeldatud

2,5 ml / ½ tl blackstrap melassi

Pane riis ja vesi kastrulisse, lase keema tõusta, kata ja keeda umbes 20 minutit, kuni riis on küps. Nõruta hästi. Kuumuta 5 ml/1 tl õli ja vala muna. Küpseta, kuni see on alusele hangunud, seejärel keera ümber ja jätka küpsetamist, kuni see tahkub. Eemalda pannilt ja lõika ribadeks. Lisa pannile ülejäänud õli koos küüslaugu ja soolaga ning prae, kuni küüslauk muutub kuldseks. Lisa sibul ja riis ning prae 2 minutit. Lisa murulauk ja prae 2 minutit. Segage melassi, kuni riis on kaetud, seejärel lisage munaribad ja serveerige.

Praetud riis mandlitega

4 inimesele

250 ml / 8 fl untsi / 1 tass maapähkliõli (maapähklid)

50 g / 2 untsi / ½ tassi purustatud mandleid

4 lahtiklopitud muna

450 g / 1 naela / 3 tassi keedetud pikateralist riisi

5 ml/1 tl soola

3 viilu keedetud sinki, lõigatud ribadeks

2 šalottsibulat, peeneks hakitud

15 ml/1 spl sojakastet

Kuumuta õli ja prae mandleid, kuni need muutuvad kuldseks. Tõsta pannilt ja nõruta köögipaberil. Vala pannilt ära suurem osa õlist, tõsta seejärel tulele ja vala pidevalt segades sisse munad. Lisa riis ja sool ning küpseta 5 minutit, kiiresti vispeldades, nii et riisiterad oleksid munaga kaetud. Lisa sink, šalottsibul ja sojakaste ning küpseta veel 2 minutit. Sega juurde suurem osa mandlitest ja serveeri ülejäänud mandlitega kaunistatult.

Praetud riis peekoni ja munaga

4 inimesele

45 ml / 3 spl maapähkliõli (maapähklid)
225 g / 8 untsi peekonit, tükeldatud
1 peeneks hakitud sibul
3 lahtiklopitud muna
225 g / 8 untsi keedetud pikateralist riisi

Kuumuta õli ning prae peekonit ja sibulat, kuni need muutuvad kergelt kuldseks. Lisa munad ja prae peaaegu küpseks. Lisa riis ja prae, kuni riis on läbi kuumenenud.

Praetud riis lihaga

4 inimesele

8 untsi / 225 g lahja veiseliha, lõigatud ribadeks
15 ml / 1 spl maisijahu (maisitärklis)
15 ml/1 spl sojakastet
15 ml / 1 spl riisiveini või kuiva šerrit
5 ml/1 tl suhkrut
75 ml / 5 spl maapähkliõli (maapähklid)
1 hakitud sibul
450 g / 1 naela / 3 tassi keedetud pikateralist riisi
45 ml / 3 spl kanapuljongit

Sega liha maisitärklise, sojakastme, veini või šerri ja suhkruga. Kuumuta pool õlist ja prae sibul läbipaistvaks. Lisa liha ja prae 2 minutit. Eemalda pannilt. Kuumuta ülejäänud õli, lisa riis ja prae 2 minutit. Lisa puljong ja kuumuta läbi. Lisa pool lihast ja sibula segust ning sega läbikuumenemiseni, seejärel tõsta kuumale serveerimistaldrikule ja tõsta peale ülejäänud liha ja sibul.

Praetud riis hakklihaga

4 inimesele

30 ml / 2 spl maapähkliõli

1 purustatud küüslauguküüs

näputäis soola

30 ml / 2 spl sojakastet

30 ml / 2 spl hoisin kastet

450 g / 1 kg hakkliha (jahvatatud)

1 tükeldatud sibul

1 tükeldatud porgand

1 tükeldatud porrulauk

450 g / 1 kilogramm keedetud pikateralist riisi

Kuumuta õli ning prae küüslauku ja soola, kuni need muutuvad kergelt kuldseks. Lisa soja- ja hoisin-kastmed ning sega läbikuumenemiseni. Lisa liha ja prae, kuni see on pruunistunud ja murenenud. Lisa köögiviljad ja küpseta sageli segades pehmeks. Lisa riis ja prae pidevalt segades, kuni see on läbi kuumutatud ja kastmetega kaetud.

Praetud riis liha ja sibulaga

4 inimesele

1 kilogramm / 450 g lahja veiseliha, õhukeselt viilutatud

45 ml / 3 spl sojakastet

15 ml / 1 spl riisiveini või kuiva šerrit

soola ja värskelt jahvatatud pipart

15 ml / 1 spl maisijahu (maisitärklis)

45 ml / 3 spl maapähkliõli (maapähklid)

1 hakitud sibul

225 g / 8 untsi keedetud pikateralist riisi

Marineerige liha sojakastmes, veinis või šerris, soola, pipra ja maisijahus 15 minutit. Kuumuta õli ja prae sibulat, kuni see muutub kergelt kuldseks. Lisa liha ja marinaad ning prae 3 minutit. Lisa riis ja prae kuumaks.

praetud riis kanaga

4 inimesele

225 g / 8 untsi / 1 tass pikateralist riisi
750 ml / 1¼ silma / 3 tassi vett
30 ml / 2 spl maapähkliõli
2 hakitud küüslauguküünt
näputäis soola
1 peeneks hakitud sibul
3 teed, tükeldatud
100 g / 4 untsi keedetud kana, tükeldatud
15 ml/1 spl sojakastet

Pane riis ja vesi kastrulisse, lase keema tõusta, kata ja keeda umbes 20 minutit, kuni riis on küps. Nõruta hästi. Kuumuta õli ning prae küüslauku ja soola, kuni küüslauk muutub kergelt kuldseks. Lisa sibul ja prae 1 minut. Lisa riis ja prae 2 minutit. Lisa murulauk ja kana ning prae 2 minutit. Lisa sojakaste, et riis kataks.

Praetud riis pardiga

4 inimesele

4 kuivatatud hiina seeni
45 ml / 3 spl maapähkliõli (maapähklid)
2 teed, viilutatud
225 g / 8 untsi bok choy, purustatud
100 g / 4 untsi keedetud parti, hakitud
45 ml / 3 spl sojakastet
15 ml / 1 spl riisiveini või kuiva šerrit
350 g / 12 untsi keedetud pikateralist riisi
45 ml / 3 spl kanapuljongit

Leota seeni 30 minutit leiges vees, seejärel nõruta. Visake varred ära ja lõigake pealsed ära. Kuumuta pool õlist ja prae sibulat, kuni see muutub läbipaistvaks. Lisa hiina kapsas ja prae 1 minut. Lisa part, sojakaste ja vein või šerri ning küpseta 3 minutit. Eemalda pannilt. Kuumuta ülejäänud õli ja prae riisi, kuni see on õliga kaetud. Lisa puljong, lase keema tõusta ja prae 2 minutit. Tõsta pardisegu tagasi pannile ja sega enne serveerimist läbikuumenemiseni.

praetud riis singiga

4 inimesele

30 ml / 2 spl maapähkliõli

1 lahtiklopitud muna

1 purustatud küüslauguküüs

350 g / 12 untsi keedetud pikateralist riisi

1 peeneks hakitud sibul

1 hakitud roheline pipar

100 g / 4 untsi hakitud sinki

50g / 2oz vesikastaneid, viilutatud

50 g / 2 untsi bambusevõrseid, tükeldatud

15 ml/1 spl sojakastet

15 ml / 1 spl riisiveini või kuiva šerrit

15 ml/1 spl austrikastet

Kuumuta pannil veidi õli ja lisa muna, kalluta panni nii, et see jääks pannile. Küpseta, kuni põhi on kergelt pruunistunud, seejärel keera ümber ja küpseta teiselt poolt. Tõsta pannilt ja tükelda ja prae küüslauk kergelt kuldseks. Lisa riis, sibul ja pipar ning prae 3 minutit. Lisa sink, vesikastanid ja bambusevõrsed ning prae 5 minutit. Lisa ülejäänud ained ja prae umbes 4 minutit. Neid serveeritakse munaribadega üle puistatuna.

Riis suitsusingi ja puljongiga

4 inimesele

30 ml / 2 spl maapähkliõli
3 lahtiklopitud muna
350 g / 12 untsi keedetud pikateralist riisi
600 ml / 1 pt / 2½ tassi kanapuljongit
100g / 4oz suitsusink, murendatud
100 g / 4 untsi bambusevõrseid, viilutatud

Kuumutage õli ja valage seejärel munad. Kui need hakkavad hüübima, lisa riis ja prae 2 minutit. Lisa puljong ja sink ning kuumuta keemiseni. Keeda 2 minutit, seejärel lisa bambusevõrsed ja serveeri.

praetud riis sealihaga

4 inimesele

45 ml / 3 spl maapähkliõli (maapähklid)
3 teed, tükeldatud
100 g seapraad, kuubikuteks lõigatud
350 g / 12 untsi keedetud pikateralist riisi
30 ml / 2 spl sojakastet
2,5 ml / ½ tl soola
2 lahtiklopitud muna

Kuumuta õli ja prae murulauk läbipaistvaks. Lisa sealiha ja sega, kuni see on õliga kaetud. Lisa riis, sojakaste ja sool ning prae 3 minutit. Lisa munad ja sega, kuni need hakkavad tarduma.

Praetud riis sealiha ja krevettidega

4 inimesele

45 ml / 3 spl maapähkliõli (maapähklid)

2,5 ml / ½ tl soola

2 teed, tükeldatud

350 g / 12 untsi keedetud pikateralist riisi

100 g / 4 untsi seapraad

225 g / 8 untsi kooritud krevette

50 g / 2 untsi Hiina lehti, riivitud

45 ml / 3 spl sojakastet

Kuumuta õli ning prae soolas ja murulaugus, kuni need muutuvad kergelt kuldseks. Lisa riis ja prae terade purustamiseks. Lisa sealiha ja prae 2 minutit. Lisa krevetid, hiina lehed ja sojakaste ning prae segades kuni valmimiseni.

praetud riis krevettidega

4 inimesele

225 g / 8 untsi / 1 tass pikateralist riisi
750 ml / 1¼ silma / 3 tassi vett
30 ml / 2 spl maapähkliõli
2 hakitud küüslauguküünt
näputäis soola
1 peeneks hakitud sibul
225 g / 8 untsi kooritud krevette
5 ml/1 tl sojakastet

Pane riis ja vesi kastrulisse, lase keema tõusta, kata ja keeda umbes 20 minutit, kuni riis on küps. Nõruta hästi. Kuumuta õli koos küüslaugu ja soolaga ning prae, kuni küüslauk muutub kergelt kuldseks. Lisa riis ja sibul ning prae 2 minutit. Lisa krevetid ja prae 2 minutit. Enne serveerimist lisa sojakaste.

Praetud riis ja herned

4 inimesele

30 ml / 2 spl maapähkliõli

2 hakitud küüslauguküünt

5 ml/1 tl soola

350 g / 12 untsi keedetud pikateralist riisi

8 untsi / 225 g valgeid või külmutatud herneid, sulatatud

4 sibulat (sibulat), peeneks hakitud

30 ml / 2 spl peeneks hakitud värsket peterselli

Kuumuta õli ning prae küüslauku ja soola, kuni need muutuvad kergelt kuldseks. Lisa riis ja prae 2 minutit. Lisa herned, sibul ja petersell ning küpseta paar minutit kuumaks. Serveeri kuumalt või külmalt.

Praetud riis lõhega

4 inimesele

30 ml / 2 spl maapähkliõli
2 hakitud küüslauguküünt
2 teed, viilutatud
50 g / 2 untsi hakitud lõhet
75 g / 3 untsi hakitud spinatit
150 g / 5 untsi keedetud pikateralist riisi

Kuumuta õli ning prae küüslauku ja murulauku 30 sekundit. Lisa lõhe ja prae 1 minut. Lisa spinat ja prae 1 minut. Lisa riis ja prae, kuni see on kuum ja hästi segunenud.

Spetsiaalne praetud riis

4 inimesele

60 ml / 4 spl maapähkliõli

1 peeneks hakitud sibul

100 g / 4 untsi peekonit, tükeldatud

50 g / 2 untsi hakitud sinki

50 g / 2 untsi keedetud kana, tükeldatud

50 g / 2 untsi kooritud krevette

60 ml / 4 spl sojakastet

30 ml / 2 spl riisiveini või kuiva šerrit

soola ja värskelt jahvatatud pipart

15 ml / 1 spl maisijahu (maisitärklis)

225 g / 8 untsi keedetud pikateralist riisi

2 lahtiklopitud muna

100 g / 4 untsi seeni, viilutatud

50 g / 2 untsi külmutatud herneid

Kuumuta õli ning prae sibulat ja peekonit, kuni need muutuvad kergelt kuldseks. Lisa sink ja kana ning prae 2 minutit. Lisa krevetid, sojakaste, vein või šerri, sool, pipar ja maisitärklis ning küpseta 2 minutit. Lisa riis ja prae 2 minutit. Lisa munad, seened ja herned ning prae 2 minutit, kuni need on küpsed.

Kümme väärtuslikku riisi

Serveeritakse 6-8

45 ml / 3 spl maapähkliõli (maapähklid)
1 sibul (sibul), hakitud
100 g / 4 untsi lahja sealiha, tükeldatud
1 kanarind, tükeldatud
100 g / 4 untsi sink, hakitud
30 ml / 2 spl sojakastet
30 ml / 2 spl riisiveini või kuiva šerrit
5 ml/1 tl soola
350 g / 12 untsi keedetud pikateralist riisi
250 ml / 8 fl untsi / 1 tass kanapuljongit
100 g / 4 untsi ribadeks lõigatud bambusevõrseid
50g / 2oz vesikastaneid, viilutatud

Kuumuta õli ja prae sibulaid, kuni need muutuvad läbipaistvaks. Lisa sealiha ja prae 2 minutit. Lisa kana ja sink ning prae 2 minutit. Lisa sojakaste, šerri ja sool. Lisa riis ja puljong ning kuumuta keemiseni. Lisa bambusevõrsed ja vesikastanid, kata kaanega ja hauta 30 minutit.

Praetud tuunikala riis

4 inimesele

30 ml / 2 spl maapähkliõli

2 viilutatud sibulat

1 hakitud roheline pipar

450 g / 1 naela / 3 tassi keedetud pikateralist riisi

soola

3 lahtiklopitud muna

300 g / 12 untsi tuunikalakonservi, helbed

30 ml / 2 spl sojakastet

2 šalottsibulat, peeneks hakitud

Kuumuta õli ja prae sibul pehmeks. Lisa paprika ja prae 1 minut. Lükake panni küljele. Lisa riis, puista peale soola ja prae 2 minutit, segades järk-järgult pipart ja sibulat. Tee riisi keskele süvend, vala peale veel veidi õli ja vala sisse munad. Sega peaaegu segunemiseni ja sega riisi hulka. Küpseta veel 3 minutit. Lisa tuunikala ja sojakaste ning kuumuta läbi. Serveeritakse hakitud šalottsibulaga üle puistatuna.

nuudlid keedetud munaga

4 inimesele

10 ml / 2 tl soola

450 g / 1 nael munanuudlid

30 ml / 2 spl maapähkliõli

Kuumuta pannil vesi keemiseni, lisa sool ja lisa nuudlid. Lase uuesti keema ja keeda umbes 10 minutit, kuni see on pehme, kuid siiski kõva. Nõruta korralikult, loputa külma vee all, nõruta, seejärel loputa kuuma vee all. Enne serveerimist sega õliga.

aurutatud munanuudlid

4 inimesele

10 ml / 2 tl soola

450 g / 1 kg õhukesed munanuudlid

Kuumuta pannil vesi keemiseni, lisa sool ja lisa nuudlid. Sega korralikult läbi ja seejärel nõruta. Aseta nuudlid kurn, aseta aurutisse ja keeda keeva vee kohal umbes 20 minutit pehmeks.

Praetud nuudlid

Väravad 8

10 ml / 2 tl soola

450 g / 1 nael munanuudlid

30 ml / 2 spl maapähkliõli

praetud roog

Kuumuta pannil vesi keemiseni, lisa sool ja lisa nuudlid. Lase uuesti keema ja keeda umbes 10 minutit, kuni see on pehme, kuid siiski kõva. Nõruta korralikult, loputa külma vee all, nõruta, seejärel loputa kuuma vee all. Valage üle õliga, segage seejärel õrnalt mis tahes praesegusse ja kuumutage õrnalt, et maitsed seguneksid.

Praetud nuudlid

4 inimesele

225 g / 8 untsi õhukesed munanuudlid
soola
praeõli

Keeda nuudlid soolaga maitsestatud keevas vees vastavalt pakendi juhistele. Nõruta hästi. Aseta ahjuplaadile mitu kihti majapidamispaberit, laota nuudlid laiali ja lase paar tundi kuivada. Kuumuta õli ja prae nuudleid lusikatäie kaupa umbes 30 sekundit kuldseks. Nõruta paberrätikutel.

Praetud pehmed nuudlid

4 inimesele

350 g / 12 untsi munanuudleid

75 ml / 5 spl maapähkliõli (maapähklid)

soola

Aja pott vesi keema, lisa nuudlid ja keeda, kuni nuudlid on pehmed. Nõruta ja loputa külma vee, siis kuuma vee all, seejärel nõruta uuesti. Lisage 15 ml/1 spl õli, seejärel laske jahtuda ja jahutage. Kuumuta järelejäänud õli peaaegu suitsemiseni. Lisa nuudlid ja sega õrnalt, kuni need on õliga kaetud. Alanda kuumust ja jätka segamist paar minutit, kuni nuudlid on pealt kuldsed, kuid seest pehmed.

aurutatud nuudlid

4 inimesele

450 g / 1 nael munanuudlid
5 ml/1 tl soola
30 ml / 2 spl maapähkliõli
3 talisibulat (sibulat), lõigatud ribadeks
1 purustatud küüslauguküüs
2 viilu ingverijuurt, tükeldatud
100 g / 4 untsi tailiha, ribadeks lõigatud
100 g / 4 untsi sink, ribadeks lõigatud
100 g / 4 untsi kooritud krevette
450 ml / ¬œ / 2 tassi kanasuppi
30 ml / 2 spl sojakastet

Kuumuta pannil vesi keemiseni, lisa sool ja lisa nuudlid. Lase uuesti keema ja hauta umbes 5 minutit, seejärel kurna ja loputa külma veega.

Samal ajal kuumuta õli ning prae talisibul, küüslauk ja ingver kergelt kuldseks. Lisa sealiha ja prae helepruuniks. Lisa sink ja krevetid ning sega puljong, sojakaste ja nuudlid. Kuumuta keemiseni, kata ja hauta 10 minutit.

külmad nuudlid

4 inimesele

450 g / 1 nael munanuudlid

5 ml/1 tl soola

15 ml / 1 spl maapähkliõli

225 g / 8 untsi ubad

8 untsi / 225 g seapraad, hakitud

1 ribadeks lõigatud kurk

12 redist ribadeks lõigatud

Kuumuta pannil vesi keemiseni, lisa sool ja lisa nuudlid. Lase uuesti keema ja keeda umbes 10 minutit, kuni see on pehme, kuid siiski kõva. Nõruta korralikult, loputa külma vee all, seejärel nõruta uuesti. Viska üle õliga ja aseta seejärel serveerimistaldrikule. Aseta ülejäänud ained nuudleid ümbritsevatele väikestele taldrikutele. Külalistele serveeritakse väikestes kaussides valikut lisandeid.

nuudlikorvid

4 inimesele

225 g / 8 untsi õhukesed munanuudlid

soola

praeõli

Keeda nuudlid soolaga maitsestatud keevas vees vastavalt pakendi juhistele. Nõruta hästi. Aseta ahjuplaadile mitu kihti majapidamispaberit, laota nuudlid laiali ja lase paar tundi kuivada. Pintselda keskmise kurna sisemust vähese õliga. Laota kurni umbes 1 cm/¬Ω paksune ühtlane kiht nuudleid. Õlitage väiksem kurn väljast ja suruge õrnalt suuremasse. Kuumuta õli, torka kaks kurni õli sisse ja prae umbes 1 minut, kuni nuudlid on kuldsed. Eemaldage kurn ettevaatlikult. Vajadusel lükake nuudlite servad noaga ümber, et need lahti saada.

pannkook nuudlitega

4 inimesele

225 g / 8 untsi munanuudleid

5 ml/1 tl soola

75 ml / 5 spl maapähkliõli (maapähklid)

Kuumuta pannil vesi keemiseni, lisa sool ja lisa nuudlid. Lase uuesti keema ja keeda umbes 10 minutit, kuni see on pehme, kuid siiski kõva. Nõruta korralikult, loputa külma vee all, nõruta, seejärel loputa kuuma vee all. Sega 15 ml/1 spl õliga. Kuumuta ülejäänud õli. Paksu pannkoogi saamiseks lisa pannile nuudlid. Prae põhjast kergelt kuldseks, seejärel keera ümber ja prae keskelt kergelt kuldseks, kuid pehmeks.

Keedetud nuudlid

4 inimesele

4 kuivatatud hiina seeni
450 g / 1 nael munanuudlid
30 ml / 2 spl maapähkliõli
5 ml/1 tl soola
3 teed, tükeldatud
100 g / 4 untsi tailiha, ribadeks lõigatud
100 g / 4 untsi lillkapsa õisikuid
15 ml / 1 spl maisijahu (maisitärklis)
250 ml / 8 fl untsi / 1 tass kanapuljongit
15 ml/1 spl seesamiõli

Leota seeni 30 minutit leiges vees, seejärel nõruta. Visake varred ära ja lõigake pealsed ära. Kuumuta pannil vesi keemiseni, lisa nuudlid ja keeda 5 minutit ning nõruta. Kuumuta õli ning prae soolas ja murulaugus 30 sekundit. Lisa sealiha ja prae helepruuniks. Lisa lillkapsas ja seened ning prae 3 minutit. Segage maisijahu ja puljong, segage pannil, laske keema tõusta, katke kaanega ja keetke aeg-ajalt segades 10 minutit. Kuumuta eraldi pannil seesamiõli, lisa nuudlid ja kuumuta õrnalt keskmisel kuumusel, kuni see on kergelt pruunistunud. Tõsta kuumale serveerimistaldrikule, vala peale sealihasegu ja serveeri.

Nuudlid lihaga

4 inimesele

350 g / 12 untsi munanuudleid

45 ml / 3 spl maapähkliõli (maapähklid)

450 g / 1 kg hakkliha (jahvatatud)

soola ja värskelt jahvatatud pipart

1 purustatud küüslauguküüs

1 peeneks hakitud sibul

250 ml / 8 fl untsi / 1 tass veiselihapuljongit

100 g / 4 untsi seeni, viilutatud

2 hakitud sellerivart

1 hakitud roheline pipar

30 ml / 2 spl maisijahu (maisitärklis)

60 ml / 4 supilusikatäit vett

15 ml/1 spl sojakastet

Keeda nuudleid keevas vees umbes 8 minutit, kuni need on pehmed, seejärel nõruta. Samal ajal kuumuta õli ja prae liha, soola, pipart, küüslauku ja sibulat, kuni need on kergelt pruunistunud. Lisa puljong, seened, seller ja paprika, kuumuta keemiseni, kata kaanega ja hauta 5 minutit. Sega maisijahu, vesi ja sojakaste pastaks, sega pannil ja küpseta segades, kuni kaste pakseneb. Laota nuudlid kuumale serveerimistaldrikule ning vala lihale ja kastmele.

nuudlid kanaga

4 inimesele
350 g / 12 untsi munanuudleid
100 g / 4 untsi ubad
45 ml / 3 spl maapähkliõli (maapähklid)
2,5 ml / ¬Ω teelusikatäis soola
2 hakitud küüslauguküünt
2 teed, tükeldatud
100 g / 4 untsi keedetud kana, tükeldatud
5 ml/1 tl seesamiõli

Kuumuta pannil vesi keemiseni, lisa nuudlid ja keeda pehmeks. Blanšeeri oadud 3 minutit keevas vees, seejärel nõruta. Kuumuta õli ning prae sool, küüslauk ja murulauk pehmeks. Lisa kana ja prae läbikuumenemiseni. Lisa oad ja kuumuta läbi. Nõruta nuudlid hästi, loputa külma ja seejärel kuuma veega. Sega juurde seesamiõli ja tõsta kuumale serveerimistaldrikule. Tõsta peale kanasegu ja serveeri.

Nuudlid krabilihaga

4 inimesele

350 g / 12 untsi munanuudleid
45 ml / 3 spl maapähkliõli (maapähklid)
3 teed, tükeldatud
2 viilu ingverijuurt, lõigatud ribadeks
350 g / 12 untsi krabiliha, helbed
5 ml/1 tl soola
15 ml / 1 spl riisiveini või kuiva šerrit
15 ml / 1 spl maisijahu (maisitärklis)
30 ml / 2 supilusikatäit vett
30 ml / 2 spl veiniäädikat

Aja potis vesi keema, lisa nuudlid ja keeda 10 minutit pehmeks. Vahepeal kuumuta 30 ml/2 spl õli ning prae talisibulat ja ingverit, kuni need muutuvad kergelt kuldseks. Lisa krabiliha ja sool, prae 2 minutit. Lisa vein või šerri ja prae 1 minut. Sega maisijahu ja vesi pastaks, sega pannil ja keeda tasasel tulel segades paksenemiseni. Nõruta nuudlid ja loputa külma ja seejärel kuuma vee all. Lisa ülejäänud õli ja aseta soojale serveerimistaldrikule. Vala peale krabiseguga ja serveeri veiniäädikaga üle niristatud.

Nuudlid karrikastmes

4 inimesele

450 g / 1 nael munanuudlid

5 ml/1 tl soola

30 ml / 2 spl karripulbrit

1 viilutatud sibul

75 ml / 5 spl kanapuljongit

100 g / 4 untsi seapraad, tükeldatud

120 ml / 4 fl untsi / ¬Ω tassi tomatikastet (ketšup)

15 ml/1 spl hoisin kastet

soola ja värskelt jahvatatud pipart

Kuumuta pannil vesi keemiseni, lisa sool ja lisa nuudlid. Lase uuesti keema ja keeda umbes 10 minutit, kuni see on pehme, kuid siiski kõva. Nõruta korralikult, loputa külma vee all, nõruta, seejärel loputa kuuma vee all. Küpseta samal ajal kuival pannil karripulbrit panni raputades 2 minutit. Lisage sibul ja segage, kuni see on hästi kaetud. Lisa puljong ja seejärel sealiha ning kuumuta keemiseni. Lisa tomatikaste, hoisin kaste, sool ja pipar ning kuumuta segades läbi. Laota nuudlid kuumale serveerimisvaagnale, vala üle kastmega ja serveeri.

Dan-Dani nuudlid

4 inimesele

100 g / 4 untsi munanuudleid

45 ml / 3 spl sinepit

60 ml / 4 spl seesamikastet

60 ml / 4 spl maapähkliõli

20 ml / 4 tl soola

4 teed, tükeldatud

60 ml / 4 spl sojakastet

60 ml / 4 spl jahvatatud sarapuupähkleid

60 ml / 4 spl kanapuljongit

Keeda nuudleid keevas vees umbes 10 minutit pehmeks, seejärel nõruta hästi. Sega ülejäänud ained, vala nuudlitele ja sega enne serveerimist korralikult läbi.

Nuudlid munakastmega

4 inimesele

225 g / 8 untsi munanuudleid

750 ml / 1 / 3 tassi kanasuppi

45 ml / 3 spl sojakastet

45 ml / 3 spl riisiveini või kuiva šerrit

15 ml / 1 spl maapähkliõli

3 talisibulat (sibulat), lõigatud ribadeks

3 lahtiklopitud muna

Kuumuta pannil vesi keemiseni, lisa nuudlid, keeda uuesti ja keeda 10 minutit, kuni see on pehme. Nõruta ja pane kuumalt serveerimiseks kaussi. Vahepeal lase keema puljong koos sojakastme ja veini või šerriga. Kuumuta eraldi pannil õli ja prae talisibul pehmeks. Lisa munad, seejärel lisa kuum puljong ja jätka segamist keskmisel kuumusel, kuni segu keeb. Vala kaste nuudlitele ja serveeri.

Nuudlid ingveri ja murulauguga

4 inimesele

900 ml / 1¬Ω punkti / 4¬° tassi kanasuppi

15 ml / 1 spl maapähkliõli

225 g / 8 untsi munanuudleid

2,5 ml / ¬Ω teelusikatäis seesamiõli

4 kevadist sibulat (sibulat), riivitud

2 viilu ingverijuurt, riivitud

15 ml/1 spl austrikastet

Kuumuta puljong keemiseni, lisa õli ja nuudlid ning hauta kaaneta umbes 15 minutit pehmeks. Tõsta nuudlid kuumale serveerimistaldrikule ja lisa vokkpannile seesamiõli, tee ja ingver. Hauta kaaneta 5 minutit, kuni köögiviljad veidi pehmenevad ja puljong on vähenenud. Kalla köögiviljad vähese puljongiga nuudlitele. Nirista üle austrikastmega ja serveeri kohe.

Vürtsikad ja hapud nuudlid

4 inimesele

225 g / 8 untsi munanuudleid

15 ml/1 spl sojakastet

15 ml / 1 spl tšilliõli

15 ml/1 spl punase veini äädikat

1 purustatud küüslauguküüs

2 teed, tükeldatud

5 ml / 1 tl värskelt jahvatatud pipart

Keeda nuudleid keevas vees umbes 10 minutit pehmeks. Nõruta korralikult ja tõsta soojale serveerimistaldrikule. Sega ülejäänud ained, vala nuudlitele ja sega enne serveerimist korralikult läbi.

Nuudlid lihakastmes

4 inimesele

4 kuivatatud hiina seeni
30 ml / 2 spl maapähkliõli
8 untsi / 225 g lahja sealiha, viilutatud
100 g / 4 untsi seeni, viilutatud
4 talisibulat (sibulat), viilutatud
15 ml/1 spl sojakastet
15 ml / 1 spl riisiveini või kuiva šerrit
600 ml / 1 pt / 2 Ω tassi kanapuljongit
350 g / 12 untsi munanuudleid
30 ml / 2 spl maisijahu (maisitärklis)
2 muna, kergelt lahtiklopitud
soola ja värskelt jahvatatud pipart

Leota seeni 30 minutit leiges vees, seejärel nõruta. Visake varred ära ja lõigake pealsed ära. Kuumuta õli ja prae sealiha, kuni see muutub heledaks. Lisa seened ning kuiv ja värske sibul ning küpseta 2 minutit. Lisa sojakaste, vein või šerri ja puljong, lase keema tõusta, kata kaanega ja hauta 30 minutit.

Samal ajal lase kastrulis vesi keema, lisa nuudlid ja keeda umbes 10 minutit, kuni nuudlid on pehmed, kuid siiski kõvad.

Nõruta, loputa külma ja seejärel kuuma vee all, seejärel nõruta uuesti ja aseta soojale serveerimisvaagnale. Sega maisijahu vähese veega, sega pannile ja hauta segades, kuni kaste õheneb ja pakseneb. Lisa vähehaaval munad ning maitsesta soola ja pipraga. Serveerimiseks vala kaste nuudlitele.

Nuudlid pošeeritud munadega

4 inimesele

350 g / 12 untsi riisinuudleid

4 muna

30 ml / 2 spl maapähkliõli

1 hakitud küüslauguküüs

100 g / 4 untsi keedetud sinki, peeneks hakitud

45 ml / 3 spl tomatipüreed (pasta)

120 ml / 4 fl untsi / ¬Ω tassi vett

5 ml/1 tl suhkrut

5 ml/1 tl soola

sojakaste

Aja pott vesi keema, lisa nuudlid ja keeda umbes 8 minutit, kuni need on keedetud. Nõruta ja loputa külma veega. Laota pesakujuliselt soojendatud serveerimistaldrikule. Vahepeal pošeerisin munad ja panin igasse pessa ühe. Kuumuta õli ja prae küüslauku 30 sekundit. Lisa sink ja prae 1 minut. Lisa kõik ülejäänud koostisosad peale sojakaste ja prae, kuni see on läbi kuumutatud. Vala peale munad, nirista peale sojakaste ja serveeri kohe.

Nuudlid sealiha ja köögiviljadega

4 inimesele

350 g / 12 untsi riisinuudleid

75 ml / 5 spl maapähkliõli (maapähklid)

225g / 8oz lahja sealiha, tükeldatud

100 g / 4 untsi bambusevõrseid, purustatud

100 g / 4 untsi bok choy, purustatud

450 ml / ¬œ / 2 tassi kanasuppi

10 ml / 2 tl maisijahu (maisitärklis)

45 ml / 3 supilusikatäit vett

Keeda nuudleid umbes 6 minutit, kuni need on keedetud, kuid siiski kõvad, seejärel nõruta. Kuumuta 45 ml / 3 spl õli ja prae sealiha 2 minutit. Lisa bambusevõrsed ja kapsas ning prae 1 minut. Lisa puljong, lase keema tõusta, kata kaanega ja hauta 4 minutit. Sega maisijahu ja vesi, sega pannil ja küpseta segades, kuni kaste pakseneb. Kuumuta ülejäänud õli ja prae nuudleid, kuni need muutuvad kergelt kuldseks. Tõsta kuumale serveerimistaldrikule, tõsta peale sealihasegu ja serveeri.

Läbipaistvad nuudlid seahakklihaga

4 inimesele

200 g / 7 untsi selgeid nuudleid

praeõli

75 ml / 5 spl maapähkliõli (maapähklid)

225 g seahakkliha (jahvatatud)

25 g / 1 unts tšillipastat

2 teed, tükeldatud

1 hakitud küüslauguküüs

1 viil ingverijuurt, tükeldatud

5 ml / 1 tl tšillipulbrit

250 ml / 8 fl untsi / 1 tass kanapuljongit

30 ml / 2 spl riisiveini või kuiva šerrit

30 ml / 2 spl sojakastet

soola

Kuumuta õli keemiseni ja prae nuudleid, kuni need paisuvad. Eemalda ja nõruta. Kuumuta 75 ml / 5 spl õli ja prae sealiha kuldseks. Lisa oapasta, talisibul, küüslauk, ingver ja tšillipulber ning prae 2 minutit. Sega puljong, vein või šerri, sojakaste ja nuudlid ning hauta, kuni kaste pakseneb. Enne serveerimist maitsesta soolaga.

munarulli nahk

12 nüüd

225 g / 8 untsi / 2 tassi tavalist jahu (universaalne)

1 lahtiklopitud muna

2,5 ml / ¬Ω teelusikatäis soola

120 ml / 4 fl untsi / ¬Ω kruus jääkülma vett

Sega kõik koostisosad ja sõtku seejärel ühtlaseks ja elastseks. Kata niiske lapiga ja lase 30 minutit jahtuda. Rulli jahusel pinnal paberõhukeseks, seejärel lõika ruutudeks.

Keedumunarulli nahk

12 nüüd

175 g / 6 untsi / 1 Ω tassi tavalist jahu (üldotstarbeline)

2,5 ml / ¬Ω teelusikatäis soola

2 lahtiklopitud muna

375 ml / 13 fl untsi / 1 Ω veekruusid

Sega hulka jahu ja sool ning seejärel sega hulka munad. Lisage järk-järgult vett, et saada ühtlane tainas. Määrige väike pann kergelt rasvaga, valage seejärel 30 ml / 2 spl tainast ja kallutage panni, et see ühtlaselt pinnale jaotuks. Kui tainas panni külgedelt kokku tõmbub, eemaldage see ja katke ülejäänud kestade küpsetamise ajaks niiske lapiga.

Hiina pannkoogid

4 inimesele

250 ml / 8 fl untsi / 1 tass vett

225 g / 8 untsi / 2 tassi tavalist jahu (universaalne)

maapähkliõli praadimiseks

Aja vesi keema, seejärel lisa järk-järgult jahu. Sõtku õrnalt, kuni tainas on pehme, kata niiske lapiga ja lase 15 minutit seista. Laota see jahusele pinnale ja vormi sellest pikk silinder. Lõika 2,5 cm suurusteks viiludeks, lameda seejärel umbes 5 mm paksusteks ja pintselda pealt õliga. Virna paarikaupa nii, et õlitatud pinnad kokku puutuksid, ja puista väljast kergelt jahuga. Rulli paarid umbes 10 cm laiuseks ja küpseta paarikaupa mõlemalt poolt umbes 1 minut, kuni need on kergelt kuldsed. Eraldage ja virna, kuni olete serveerimiseks valmis.

wontoni nahad

umbes 40 aastat tagasi

450 g / 1 nael / 2 tassi tavalist jahu (universaalne)

5 ml/1 tl soola

1 lahtiklopitud muna

45 ml / 3 supilusikatäit vett

Sõeluge jahu ja sool ning tehke keskele süvend. Sega juurde muna, puista peale vesi ja sõtku segu ühtlaseks tainaks. Pane kaussi, kata niiske lapiga ja lase 1 tund jahtuda.

Rulli tainas jahusel pinnal õhukeseks ja ühtlaseks. Lõika 7,5 cm ribadeks, puista kergelt jahuga ja virna, seejärel lõika ruutudeks. Katke niiske lapiga kuni kasutamiseks valmis.

Spargel karpidega

4 inimesele

120 ml / 4 fl untsi / ½ tassi maapähkliõli (maapähklid)
1 punane tšillipipar, ribadeks lõigatud
2 talisibulat (sibulat), lõigatud ribadeks
2 viilu ingverijuurt, riivitud
8 untsi / 225 g sparglit, lõigatud tükkideks
30 ml / 2 spl paksu sojakastet
2,5 ml / ½ tl seesamiõli
8 untsi / 225 g kammkarpe, leotatud ja pestud

Kuumuta õli ja prae tšillit, murulauku ja ingverit 30 sekundit. Lisa spargel ja sojakaste, kata ja küpseta, kuni spargel on peaaegu pehme. Lisa seesamiõli ja karbid, kata ja küpseta, kuni karbid avanevad. Visake ära kõik karbid, mis pole avanenud, ja serveerige kohe.

Spargel munakastmega

4 inimesele

450 g / 1 nael sparglit

45 ml / 3 spl maapähkliõli (maapähklid)

30 ml / 2 spl riisiveini või kuiva šerrit

soola

250 ml / 8 fl untsi / 1 tass kanapuljongit

15 ml / 1 spl maisijahu (maisitärklis)

1 muna, kergelt lahtiklopitud

Kärpige spargel ja lõigake 5 cm / 2 tükiks Kuumuta õli ja prae spargel umbes 4 minutit pehmeks, kuid siiski krõmpsuks. Nirista peale veini või šerrit ja soola. Vahepeal lase puljong ja maisijahu segades keema ning maitsesta soolaga. Sega osa soojast puljongist muna hulka, seejärel sega muna pannile ja keeda tasasel tulel segades, kuni kaste pakseneb. Laota spargel kuumale serveerimistaldrikule, vala üle kastmega ja serveeri kohe.

www.ingramcontent.com/pod-product-compliance
Lightning Source LLC
Chambersburg PA
CBHW050345120526
44590CB00015B/1570